受難と復活の賛美歌ものがたり

大塚野百合

教文館

目次

カバー写真　ステンドグラス「イースター」（日本キリスト教団駒場エデン教会所蔵）
装丁　熊谷博人

凡　例

＊本書で取り扱う賛美歌集は以下の通りです。『讃美歌』『讃美歌第二編』『讃美歌21』（日本基督教団出版局）、『新聖歌』（教文館）。

＊「讃美歌」という表記は、特定の賛美歌集についてのみ使用し、その他の場合には「賛美歌」を使います。なお、本文中の「讃美歌」という表記は、一九五四年版『讃美歌』（日本基督教団出版部）を意味します。

＊本文中で使用する聖書は、日本聖書協会のご好意により、新共同訳を使用しています。

第1章　M・ルターと復活の賛美歌
――「主はわが罪ゆえ」（讃美歌21三一七番）

二〇一七年は宗教改革五〇〇周年

二〇一七年一〇月三一日は、マルティン・ルター（Martin Luther, 1483-1546）がヴィッテンベルク城教会の扉に『九十五箇条の提題』を掲示して、宗教改革の狼煙《のろし》を上げてから五〇〇周年になる歴史的な日です。その日を迎えるにあたり、彼が宗教改革という難事業に関わることができたのは、彼が主イエス・キリストの復活の威力に圧倒されていたからである、ということを考えたいと思います。

ルター

数年前のことです。『慰めと励ましの言葉――マルティン・ルターによる一日一章』（徳善義和監修・湯川郁子訳、教文館、一九九八年）を読んでいたとき、ルターが復活について書いている文章に出会ったのです。三七三頁の復活祭の箇所で、ルターは復活について驚くべきことを述べています。

イエス・キリストは死より復活された。強い堅固な信仰はここに基づき、信仰は私たちに、この信条、「……よみに下り、三日目に死人の中から復活し、天に昇り、全能の父である神の右に座し、そこから来て、生きている人と死んだ人とをさばかれます」をしっかりと思い起こさせる。それゆえに、人は、「キリストは死より復活された」という言葉によく注目し、一字が塔のように、いや、天と地ほどに大きな文字で書くべきである。

「キリストは死より復活された」という言葉は、一字一字が天と地ほどに大きな字で書くべきなのです！「キリストは死から復活された」のです！復活された主は、二〇一七年の現在、生きておられます。日本を、世界を覆っている恐るべき暗黒のなかに生きている私たちに、このルターのメッセージは、なんと大きな勇気を与えてくれることでしょうか！（『感動ものがたり――魂をゆさぶった人たち』教文館、第11章「マルティン・ルターに学ぶ――二一世紀の危機的状況の中で」参照）。

私は、復活を否定している人たちを批判し、「私は復活を信じている」と思っていましたが、ルターから見れば、復活を本当に信じていることにはならないようです。ルターのように本当に本当に復活を信じ、生きておられる主イエスによって強くされたいと願っています。

世界の歴史を変えた驚異的人物――マルティン・ルター

マルティン・ルターのように世界のキリスト教の歴史を大きく変えた人物はいないと思います。当時多くの問題をかかえ、改革が必要であると思われていたカトリック教会にたいして、一介の無名の修道士であった彼が、敢然と闘いを挑むことができたのは、何故でしょうか？　彼が人並み外れた勇敢な人間であったからでしょうか？　「自分は教会を改革する能力がある」という自信があったからでしょうか？

彼は勇敢な人間でなく、また教会を改革する自信に満ちていたわけでもありません。彼は修道士として本気で修行の生活をしていたとき、自分の罪の問題で真剣に苦しみ、絶望したのです。人間の力では絶対に神が求めたもう義に達することは出来ない、という自覚を通して、彼は教えられました。「神の義とは、私たちを裁く義ではなく、義を持たない私たちに、神が無償の贈り物として与えてくださる義である」と。

この「信仰による義」、聖パウロの「義人は信仰によりて生きるべし」という言葉について、ルターは次のように述べています。

以前には、「神の義」が私を憎悪でいっぱいにしていたのに、今ではそれが私には、一層大きい愛のうちに、言いようもなく快いものになった。このパウロの一句は、私には天国への扉になったのである。

ルターが宗教改革の指導者になることができたのは、このパウロの信仰による義の再発見によるのです。そして彼は、世界の歴史を変えることができたのです。

宗教改革五〇〇周年を迎える現在、米国でトランプ氏が大統領となり、今後世界がどのようになるか私たちは大きな不安を抱えています。このような時、ルターがどのように生きたかを学ぶことは、意味深いことと思います。

ルターの生涯と信仰

ルターの生涯と信仰について考えるとき、大変参考になる良い本があります。ルター研究者として優れている徳善義和氏の『マルチン・ルター――生涯と信仰』（教文館）です。この本は、今まで私たちがルターについて知らされていた多くの事実が間違っていることを教えてくれます。私はこの本を読んで、何度も驚きを感じました。

彼は一四八三年一一月一〇日に生まれたということになっていますが、この年は定かでなく、推定したものです。生まれた日は聖マルティンの日の前日であることはたしかで、一一月一〇日です。翌日の聖マルティンの日に洗礼をうけたので、マルティンという名がつけられました。

彼の父ハンスはテューリンゲン地方の農家の長男でした。当時その地方には末子相続という慣習があったので、ハンスは故郷を出て、銅や銀が出る鉱山があり鉱業が盛んな町で良い仕事を見つけたい、と願ってアイスレーベンに夫婦で半年滞在していました。その時、旅行者一時宿泊所で生ま

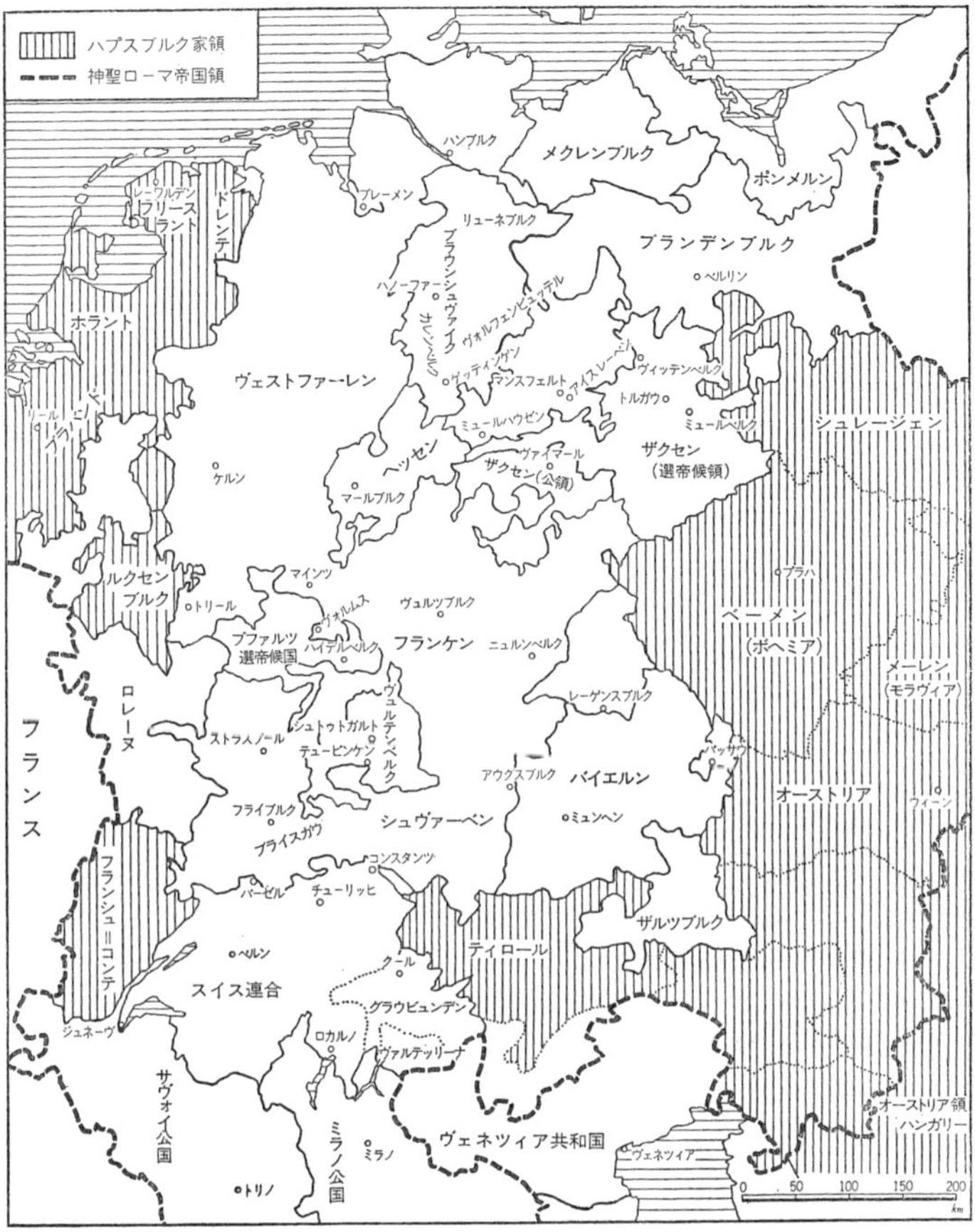

宗教改革時代の中部ヨーロッパ（1547年）

ルターの両親

れたのがマルティン・ルターでした。その後、父は少し北のマンスフェルトの銅鉱山で働き、ついには溶鉱炉を数か所に持つ成功者になります。移住して一五年後には、町の四人の地域代表の一人に選ばれたのです。

そのような父ですから、息子のマルティンはエルフルト大学の法学部を出て、出世して欲しいと願っていました。その息子が法学部に進学してまもなく、修道院に入ったのですから、父の怒りはすさまじいものでした。

ルター、修道士になる

法学部に進んだ年の六月、ルターは実家にかえり、エルフルト大学にもどる途中、激しい雷に打たれて倒れ、死の恐怖に襲われたとき、叫びました。「聖アンナ様、お助けください。私は修道士になります！」彼は二週間後にエルフルトにある聖アウグスチノ会という修道院に入会します。なぜ彼はこのような決断をしたのでしょうか。貧しい身分から這い上がって成功者になった父の姿を見ていて、この世的な成功がいかに虚しいものであるかを彼は実感していたのでしょう。

聖なるものへの恐怖

ルターは見習い修道士から正式の修道士となり、二四歳になった一五〇七年四月に司祭となり、五月に初ミサをあげます。その時彼が聖なるものへの恐怖に襲われた様子をローランド・ベイントンは彼の名著『我ここに立つ』(青山・岸共訳、聖文舎)で詳しく述べています。私はその箇所を『愛と自由のことば――一日一章』(日本キリスト教団出版局)の一〇月三一日に載せてもらいました。

その日は、修道院の鐘の響きと、「新しき歌をエホバにむかいてうたい」の詩編の歌とで始まった。ルターは聖壇の前に行って、ミサの序の部分を朗読し始めたが、ついに、こう言う言葉のところに来た。「われらは、生ける、まことの、永遠のおん神に、ささげたてまつる」。彼はあとになってつぎのように語っている。「この言葉で、私は全く茫然として、恐ろしさにふるえさわなないた。私は考えた。すべての人々は、この世の君主の面前でさえ慄《ふる》えずにはいられないのに、一体どんな舌で、私はこういうお方に対して話しかけるのだろう? 神の御稜威《みいつ》に向かって目を上げ、手をあげる私は、そも何ものなのだろうか。天使たちが神をとりかこんでいる。神がうなずき給えば、大地はゆれ動くのだ。それに、あわれな一寸法師の私が『私はこれが要《い》る、それが欲しい』と言うのか。私は塵や灰であって、罪に満ちていながら、生ける、永遠のまことの神に、話しかけているではないか」。

私はこの箇所を読んだとき、「ルターの魂の叫びが聞こえる！　ルターという人間が分かった」と思いました。「われらは、生ける、まことの、永遠のおん神にささげたてまつる」という言葉を私たちが述べるとき、私たちは神の聖であることに圧倒されません。大した感激もなしに、その箇所を読むでしょう。なぜなら私たちは神がいかに聖なる方であるか分かっていないからです。

「神の義」と「義認」について

司祭になってから四年後の一五一一年にヴィッテンベルク大学に移り、詩編、ローマの信徒への手紙、ガラテヤの信徒への手紙について学生に講義をしていたときに、「神の義」について彼は新しい発見をしたのです。修道士のルターは自分の罪ゆえに激しい苦悩を感じて、修道院副院長シュタウピッツに告白しました。副院長は「あなたは罪を犯していない」と叱ったのですが、ルターはもう少しで全身の骨が灰になるかと思われるほどの恐怖に襲われたというのです。

ところが彼に救いの時が訪れました。徳善氏はたぶん一五一四年の秋ごろ、詩編七一編を講義していたころであると述べています。「神の義」とは私たちを裁く義ではなく、義をもたない私たちに神がプレゼントとして与えてくださる義である、と理解することができたのです。

ベイントンによると、パウロの書簡のギリシア語では、「義」は二重の意味をもっているのです。justice と justification です。前者は裁判官が下す判決のように厳しいもので、後者は「義認」と訳されており、裁判官が赦しに値しない被告を釈放し、立ち直らせる、という意味です。この福音の再発見をしたときのルターの喜びは大きなものでした。ベイントンは、パウロの「義人は信仰によりて生きるべし」という聖句についてルターが述べたことを次のように紹介しています。

そこで私は、自分が生まれ変わって、開いている戸口からパラダイスへはいったのを感じたのである。聖書全体が新しい意味をもっていたし、以前には「神の義」が私を憎悪でいっぱいにしていたのに、今ではそれが私には、一層大きい愛のうちに、言いようもなく快いものになった。このパウロの一句は、私には天国への扉になったのである。

贖宥状（免罪符）の問題について

今まで述べたように深刻な罪の苦しみから救われたルターは、当時のドイツで売られていた罪の贖いを免除するお札、以前は「免罪符」と言われていたこのお札に、この上もない怒りを感じていました。徳善氏は、このお札について詳しく説明しています。このお札は正しく言えば「贖宥状《しょくゆう》」と言うべきものです。

中世の教会が教えていたところによると、人間が罪を犯した場合には、修道士ばかりでなくて一般の人々も、少なくとも年に一回は教会に行って神父のところで一対一で……懺悔、告白をして、懺悔した事柄についてだけ赦しが与えられる。その後で神父は教会の定めに従って、犯した罪の責任を人間が果すために一定の罰を課すのです。徹夜の祈りとか断食とかが入ってきて、なかなか素人には負いきれないようなものなのです……ここで売られたお札というのは、その一定の罰、贖いが一切免除されるというお札でした。

アルブレヒト

これだけ読んだだけで、私たちは驚きますが、今までに犯した罪の罰だけでなく、これから死ぬまでに犯すであろう罪の罰までも一切帳消しにするお札なのです！　このお札を買うための金貨を入れる箱の前で説教者は叫んだのです。「金貨が一枚この箱のなかでチャリーンと音をたてた瞬間に、煉獄で苦しんでいるあなたがたの死んだ両親の魂はたちまち天国に上げられるのですぞ」と。

これはまさに詐欺罪とも言うべき行為ですが、それがローマ教皇の許可を得て行われていたのです。お札を売った利益は、表向きにはローマのサン・ピエトロ大聖堂の建設に使用することになっていました。

ところが徳善氏は驚くべき裏事情を私たちに教えてくれます。それはルターも知らなかった隠された事実です。ドイツのマインツ地方の領主は広大な土地を支配していました。そこの大司教は領主であるとともに、カトリック教会においてアルプス以北で一番位が高く、神聖ローマ帝国の皇帝を選ぶ権限を持つ七人の選帝侯の一人でした。そのようなマインツ大司教になりたいという野望を持った人物がいました。彼はそのためにローマに五億円ほど金を支払ったのです。その金を彼は財閥フッガー家から借金をしました。それでローマの教皇庁はマインツ大司教に彼の領地で八年間お札を売ることを許可したのです。もしこの事実をルターが知ったら烈火のごとく怒ったことでしょう。

ところで、この五億円の男とは、どんな人であったのでしょうか。ベイントンはルターの優れた伝記である『我ここに立つ』の第四章にその人物について書いています。ドイツの広大な領邦であったブランデンブルクを支配していたホーエンツォレルン家のアルブレヒト（Albrecht von Brandenburg, 1490-1545）は、まだ司教になる年齢に達していないのに、二か所の司教となり、莫大な収入を管理していたのですが、それでも満足せず、マインツの大司教になりたいという野望をもっていました。この大司教になれば、ドイツで最高の聖職につくことができ、強大な権力を持つことができるのです。

五億円を支払ってマインツ大司教になった彼に、教皇は彼の領地で八年間お札を売る権利を与えました。それでアルブレヒトは次の訓令をこのお札の販売人に伝えました。「このお札はサン・ピエトロ大聖堂の建設のためであり、それを買った者たちに完全な罪の赦しを授けるものである」と。

『九十五箇条の提題』

ルターはこのお札が売られている状態に警告を告げるために立ち上がりました。彼は一五一七年一〇月三一日にヴィッテンベルク城教会の扉に『九十五箇条の提題』を掲示したと言われます。ところで、彼はこの「九十五箇条」と手紙をあの五億円の本人であるマインツ大司教であったアルブレヒトに一〇月三一日に送りました。ルターは、この大司教が、お札の販売人に伝えた訓令に「このお札を買えば、完全な罪の赦しが与えられる」と書かれていることを批判し、この訓令を取り下げることを求める手紙を書いたのです。

さて二〇一七年一〇月三一日は、この歴史的な日から五〇〇年目で、世界の各地でさまざまな行事が行われるでしょう。ところで徳善氏は、この日に関して三つの異なった見解があると述べています。「その日に掲示はしなかった」、「いや、掲示もしたし、手紙も出した」、「一一月一日に掲示をした」という意見です。しかしいずれにしろ、この提題の影響は甚大でした。

ルターは第一条で述べています。

> 私たちの主であり、師であるイエス・キリストが、「あなたがたは悔い改めなさい」と言われた時、彼は信じる者の全生涯が悔い改めであることをお望みになったのである。

全生涯の罪の罰がお札を買うことで帳消しになる、と教えられていたドイツの人々にとって、「全生涯が悔い改めである」ことを主イエスが望まれておられる、というこのメッセージはなんと驚くべきものであったことでしょうか。そしてこのメッセージは、現在の日本のキリスト者である私たちにも強く迫ってくる言葉です。

ドイツ語新約聖書の完成と礼拝改革

ルターはついに一五二一年に教皇レオ一〇世によって破門され、ウォルムス帝国議会に喚問されます。自説の撤回を拒否した彼の身の安全を心配したザクセンの領主の顧問官の計らいによって「誘拐」され、ヴァルトブルク城で保護されました。五月から翌年の三月にヴィッテンベルクに帰るまでの間に、彼は一〇週間で新約聖書をドイツ語に訳すという偉業をなしとげました。当時はラテン語の聖書が用いられており、説教、講義、礼拝もラテン語で行われており、ドイツ語は「野卑な言葉」と思われていました。ルターは民衆にドイツ語で説教していたのですが、「私はドイツ語で説教することを恥とは思わない」と述べたということを知って、私は驚きました。この聖書は一五二二年九月に出版されましたが、その価格はなんと牛一頭分で三〇万円から五〇万円位でしたが、それが飛ぶように売れて、まもなく再版されたということで、いかに当時の人々がルターの魂に迫る名訳の聖書を読んで狂喜したかが窺えます。ドイツ語旧約聖書は、ルターと数名の委員会によって訳され、一五三四年に完成しました。

一五二四年には最初のドイツ語賛美歌集が発行されました。ベイントンは、音楽的な才能があったルターが、どのように礼拝の音楽を改革したかを述べています。礼拝で司祭は、使徒書と福音書を単純な旋律で歌いました。それは中世から伝わっていたグレゴリアン・チャントと呼ばれているものでした。ところでルターは、福音書記者の物語と、キリストの言葉と、使徒たちの言葉のために、異なった音域をとりいれ、低い音域を高くしました。じつは彼の声がテナーだったからです。ところで最も大事な改革は、それまで会衆はドイツ語で応答する部分だけを短く歌うだけであったのですが、司祭と合唱隊だけでなく、会衆全員が歌うように変えたことでした。それが可能になったのは、彼がドイツ語の賛美歌集を刊行したからです。それまでは賛美歌はラテン語で歌われていたのです。

讃美歌21三一七番「主はわが罪ゆえ」について

それではルターが歌詞と曲を書いた讃美歌21三一七番「主はわが罪ゆえ」を詳しく見てみましょう。この有名な復活祭の賛美歌は、彼が古い歌を参考にして書いたものです。その古い歌とは讃美歌21三一六番「復活の主は」です。この歌は最も古いドイツ語宗教民謡です。この歌を愛したルターは、この歌を参考にして讃美歌21三一七番「主はわが罪ゆえ」を書きました。この歌にはルターらしい復活の爆発的な喜びが満ちています。「復活が私たちに生命を与えてくれた、喜びにあふれて、主を賛美しよう」という呼びかけから始まります。

この賛美歌は讃美歌21CD「十字架と復活」（日本キリスト教団出版局）に男性の独唱で収録されています。是非このCDを聞きながら、私の文を読んでください。私訳と原文を紹介します。

一、キリストは死につながれておられた、
私たちの罪ゆえに引き渡されて。
キリストは復活され、
私たちに生命《いのち》を与えてくださった。
それゆえ私たちは歓喜にあふれ、
神を賛美し、神に感謝し、
ハレルヤと歌うべきである、
ハレルヤ！

二、死には誰も打ち勝つことができなかった、
すべての人間が。
その原因は私たちの罪であった。
罪のない者は一人もいなかった。
それゆえ死がすぐやってきて、

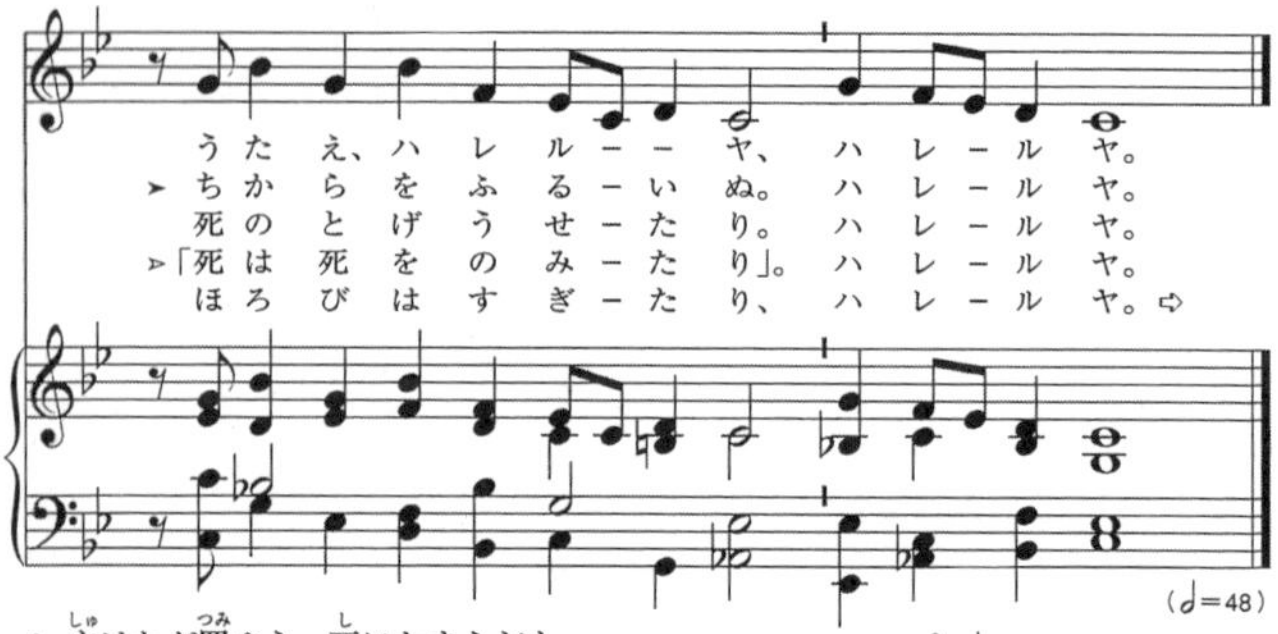

1 主《しゅ》はわが罪《つみ》ゆえ、死《し》にたまえども、
主《しゅ》はよみがえりて　いのちたまえり。
われら喜《よろこ》び、わが主《しゅ》に感謝《かんしゃ》す。
歌《うた》え、ハレルヤ、ハレルヤ。

2 罪《つみ》なきものなど　いずこにもなし。
死《し》にうちかつもの　ひとりだになし。
死《し》は世《よ》に来《き》たり、われらをとらえて
力《ちから》をふるいぬ。ハレルヤ。

3 神《かみ》の子《こ》主《しゅ》イェスは　われらにかわり
死《し》と罪《つみ》を除《のぞ》き　救《すく》いとなりぬ。
み力《ちから》のもと　死《し》のかげすらなく
死《し》のとげ失《う》せたり。ハレルヤ。

4 死《し》といのちとの　はげしきいくさ
いのちは勝《か》ちたり。死《し》はのまれたり。
聖書《せいしょ》の中に　記《しる》されしごとく、
「死《し》は死《し》をのみたり」。ハレルヤ。

5 まことの過越《すぎこし》、神《かみ》の小羊《こひつじ》、
十字架《じゅうじか》にほふられ　愛《あい》は示《しめ》さる。
その赤《あか》き血《ち》は　門々《かどかど》にぬられ、
ほろびはすぎたり、ハレルヤ。

⇨6 喜《よろこ》びて祝《いわ》わん、今日《きょう》のよき日《ひ》を。
主《しゅ》は陽《ひ》とかがやき　世《よ》を照《て》らしたもう。
恵《めぐ》みによりて　罪《つみ》の夜《よ》　過《す》ぎ去《さ》り、
新《あたら》しくなりぬ。ハレルヤ。

7 古《ふる》きパン種《だね》を　みな取《と》り除《のぞ》き
われらはあずからん、過越《すぎこし》の糧《かて》。
主《しゅ》こそわれらの　まことのパンなり、
これぞわが信仰《しんこう》。ハレルヤ。

Ⅰコリ5：7, 15：50－57　詩116：16
エレ30：8　出12：21－23

317

教会暦　復活・イースター

主はわが罪ゆえ

［II 100］

Christ lag in Todesbanden
詞：Martin Luther, 1483－1546

CHRIST LAG IN TODESBANDEN
曲：*Geistliche Gesangbüchlein*, 1524

私たちに暴力をふるい、
死の領域に閉じ込めたのだ、
ハレルヤ!

三、イエス・キリスト、神の子が
私たちに代わって来られ、
罪を取り除いてくださった。
それゆえ死は、
そのすべての権利と威力を奪われ、
その姿を全く消し、
その刺《とげ》を失った。
ハレルヤ!

六、それゆえ私たちは盛大な祝宴を開いて祝う、
心の底からの喜びと歓喜をもって。
それは主が輝きだしたもうもので、
主ご自身が太陽であり、

主はそのお恵みの輝きを通して
私たちの心をくまなく照らし、
罪の闇夜は消え失せた。
ハレルヤ！

1. Christ lag in Todesbanden,
Für unsre Sünd gegeben,
Der ist wieder erstanden
Und hat uns bracht das Leben.
Des wir sollen Fröhlich sein,
Gott loben und dankbar sein
Und singen Halleluja.
Halleluja!

2. Den Tod niemand zwingen konnt
Bei allen Menschenkindern;
Das macht alles unsre Sünd,

Kein Unschuld war zu finden.
Davon kam der Tod so bald
Und nahm über uns Gewalt,
Hielt uns in seim Reich gefangen.
Halleluja!

3. Jesus Christus, Gottes Sohn,
An unser Statt ist kommen
Und hat die Sünd abgetan,
Damit dem Tod genommen
All sein Recht und sein Gewalt;
Da bleibt nichts denn Tods Gestalt,
Den Stachel hat er verloren.
Halleluja!

6. So feiern wir das hoh Fest
Mit Herzensfreud und Wonne,

Das uns der Herr scheinen läßt,
Er ist selber die Sonne,
Der durch seiner Gnadn Glanz,
Erleuchtet unsre Herzen ganz;
Der Sünden Nacht ist vergangen.
Halleluja!

讃美歌二六七番「神はわがやぐら」について

「神はわがやぐら」（新聖歌二八〇番）はルターの賛美歌で一番有名ですが、どのような状況でこの歌が書かれたかを知るとき、私たちは彼の霊的闘いがどのように激烈であったかを理解することができます。ベイントンによると、ルターは、宗教改革の狼煙《のろし》をあげた一五一七年の一〇年後の一五二七年に凄まじい霊的試練をうけ、一週間以上も心身が痛めつけられたのです。ルターは悪魔が彼をどのように苦しめたかを書いています。

私が寝床に行く時、悪魔はいつも私を待っている。彼が私をいじめはじめると、私はこう言ってやる。「悪魔よ、私は眠らねばならぬ。『昼間は働き、夜は眠れ』。それが神の御命令だ。だから、出て行け」。もしそれが役にたたず、彼が罪の目録を持ち出すと、私は言う。「いいよ、君、私はそれをみな知っているんだ。それに、君が見落としていることまで、もっと知っているんだよ。さあ、ここに少しおまけがある。それを書きつけたまえ」。

このような悪魔の攻撃を受けた後で書いたのが「神はわがやぐら」です。彼が聖書を訳しているとき、悪魔の攻撃にあい、インク瓶を投げつけたので、壁にしみが出来たというのは有名な話です。彼は悪魔の力がいかに恐ろしいものであるかを知っていたので、この歌の第一節にそのことを述べています。私訳と原文を紹介します。

一、我々の神は堅固な砦、強い守りと武器である。神は我々が出会うすべての苦難から救いたもう。かの昔からの悪い敵は本気で悪をたくらんでいる。強い力と多くの狡猾さが彼の残忍な甲冑であり、この地上には彼に比べうる者はいないのだ。

二、我々の力では、何事もなしえない。まったく絶望である。しかし、神自身が選びたもうたふさわしい人が我々のために戦われる。それは誰かとあなたは問うている。それこそイエス・キリスト、万軍の主であり、他のいかなる神でもない。彼こそ陣地を固守する者である。

三、たとえこの世に悪魔が満ち、我々を飲み込もうとしても、我々はいささかも恐れることはない。我々は勝つのである。この世の支配者、彼がいかに怒ろうとも、我々に何もなしえない。彼はかならず裁かれ、ひとことのみ言葉によって倒される。

四、彼らはみ言葉を放置し、それに感謝することがない。彼はみむねのままに我々と共におられ、そのみ霊と賜物を与えたもう。彼らが肉体、宝、栄誉、子供や妻を奪おうとも、なすがままにさせておけ。彼らに勝ちはないのだ。御国は我々とともにある。

1. Ein feste Burg ist unser Gott,
Ein gute Wehr und Waffen.
Er hilft uns frei aus aller Not,
Die uns jetzt hat betroffen.
Der alt böse Feind
Mit Ernst er's jetzt meint;
Groß Macht und viel List
Sein grausam Rüstung ist,
Auf Erd ist nicht seins-gleichen.

1　神はわがやぐら　わが強き盾《たて》
苦しめる時の　近き助けぞ
おのが力　おのが知恵を　頼みとせる
陰府《よみ》の長《おさ》も　など恐るべき

2　いかに強くとも　いかでか頼まん
やがては朽《く》つべき　人の力を
われと共に　戦い給う　イエス君こそ
万軍の主なる　天《あま》つ大神《おおかみ》

3　悪魔　世に満ちて　よし威《おど》すとも
神の真理《まこと》こそ　わが内にあれ
陰府の長よ　吠《ほ》え猛《たけ》りて　迫《せま》り来《く》とも
主の裁《さば》きは　汝《な》が上にあり

4　暗きの力の　よし防ぐとも
主の御言葉こそ　進みに進め
わが命も　わが宝も　取らば取りね
神の国は　なおわれにあり

詩篇46　同18：1－2　黙示録12：10

280　神は わがやぐら

［讃 267］

Ein feste Burg ist unser Gott
詞：Martin Luther, 1483—1546

EIN' FESTE BURG
曲：Martin Luther, 1483—1546

♩=88
かみはわーがやーぐらわがつよきたーて
くるしめーるとーきのちかきたすけーぞ
お
のがちからおのがちえをたのみとせ
るよみのおさもなどおそるべーき
アーメン

2. Mit unsrer Macht ist nichts getan,
Wir sind gar bald verloren;
Es streit' für uns der rechte Mann,
Den Gott hat selbst erkoren.
Fragst du, wer der ist?
Er heißt Jesus Christ,
Der Herr Zebaoth,
Und ist kein andrer Gott,
Das Feld muß er behalten.

3. Und wenn die Welt voll Teufel wär
Und wollt uns gar verschlingen,
So fürchten wir uns nicht so sehr,
Es soll uns doch gelingen.
Der Fürst dieser Welt,
Wie sau'r er sich stellt,
Tut er uns doch nicht,

Das macht, er ist gericht':
Ein Wörtlein kann ihn fällen.

4. Das Wort sie sollen lassen stahn
Und kein' Dank dazu haben;
Er ist bei uns wohl auf dem Plan
Mit seinem Geist und Gaben.
Nehmen sie den Leib,
Gut, Ehr, Kind und Weib:
Laß fahren dahin,
Sie haben's kein' Gewinn,
Das Reich muß uns doch bleiben.

この賛美歌の問題点

この歌の邦訳について今まで多くの人々が次のことを指摘しました。それは第四節で「肉体、宝、栄誉、子供や妻を奪おうとも」とルターは書いたのに、「子供や妻」が訳では消えて、「宝」しか訳にはない、ということです。ところで第一節で「この地上で悪魔に比べうる者はないのだ」という箇所が多くの賛美歌集で正しく訳されていない、という事実はあまり取り上げられていません。讃美歌二六七番は「陰府《よみ》の長《おさ》も　などおそるべき」と訳しています。讃美歌21三七七番は「悪《あ》しきものおごりたち、邪《よこしま》な企《くわだ》てもて　戦《いくさ》を挑《いど》む」と原文に近い訳をしています。しかし原文は「この地上には悪魔に比べうる者はいない」となっており、悪魔の力がおそるべきものであることを強調しています。

ルターは何故悪魔の力を強調したのでしょうか。悪魔とは中世的な遺物であり、現代人には無縁である、という意見があります。ところが私は二〇世紀の偉大な霊的指導者ヘンリ・ナウエンの著書『心の奥の愛の声』(小野寺健訳、女子パウロ会)の一〇八頁に、次のような文章を見つけました(この『心の奥の愛の声』については、私の『あなたは愛されています――ヘンリ・ナウエンを生かした言葉』、教文館の第7章を参照してください)。

神があなたを召しておられると感じれば感じるほど、あなたは、自分の魂のなかに神とサタンの宇宙的規模の闘いがなされていることに気づくのです。

このナウエンの言葉で大事なのは、「神があなたを召しておられると感じれば感じるほど」という箇所です。神が自分を召しておられる、と感じない人にとっては、サタンは存在しないのです。ルターは神に召されていると感じれば感じるほど、悪魔の攻撃にさらされたのです。

ところで二節にルターは「イエス・キリスト」を持ち出します。すると場面が一変します。三、四節でルターは勝利の雄たけびをあげます。「イエス・キリストが私たちの味方であるとき、私たちの心に働きかける悪魔に勝つことができるのだ！」と。

しかしこの勝利を、ルターたちの宗教改革に敵対していた群れにたいする勝利であると理解した多くの人々がいました。川端純四郎先生は、『さんびかものがたりⅣ』の「神はわが砦」の箇所で、次のように書いておられます。

直筆楽譜（神はわがやぐら）

詩人ハイネがこの賛美歌を「宗教改革のラ・マルセイエーズ」（進軍歌）と呼んだことも影響して、長くこの歌は「教会の勝利の歌」「悪に対する教会の戦いの歌」と理解されていました。

そして驚くことにナチス政府がこの歌を軍歌として採用し、最後の「神の国はわれわれとともにある」を「ドイツ帝国はわれわれとともにある」と変更したのです。原文では「神の国」はただ「Das Reich（国）」となっているのです。なんとも悲しいことです。

この歌は詩編四六編に基づいて書かれました。


神はわたしたちの避けどころ、わたしたちの砦。

苦難のとき、必ずそこにいまして助けてくださる。

という言葉で始まり、一一節では

「力を捨てよ、知れ、
わたしは神、
国々にあがめられ、この地であがめられる」。

と歌っています。私たちが苦難にあったとき、助けてくださる、ということが強調されています。

この歌が最初に発表されたのは一五二九年で、同じ年に刊行された歌詞だけの版には「慰めの歌」という題がつけられていたそうです。

現在世界は、日本は、深い闇に覆われます。私たちは不安と恐怖のなかで生きています。しかしこの歌は私たちに伝えてくれます。神が選んでくださった「ふさわしい人」が存在します。それは

「イエス・キリスト」です！　この歌を読むと、私たちは大きな慰めと励ましを与えられます。

讃美歌21二二番と一六〇番「深き悩みより」

「深き悩みより」は讃美歌21の二二番と一六〇番にあり、作詞者はルターですが、二二番は曲はヴォルフガング・ダハシュタイン（Wolfgang Dachstein, 1487-1553）作、一六〇番はルターが作曲したものを彼の協力者で作曲家であったヨーハン・ヴァルター（Johann Walter, 1496-1570）が編曲したものです。讃美歌21CD「全地よ、主に向かい」に一六〇番はオルガン演奏で収録されています。

この歌はルターがドイツ語新約聖書を完成した翌年の一五二三年に書きました。彼が特別に愛した詩編一三〇編に基づいて書かれました。一節と五節を私訳と原文で紹介します。

一、深い苦悩の淵から私は、あなたに叫びます。主なる神よ、私の呼び声を聞いてください。あなたの恵み深い耳を私に傾け、私の願いにこれを開いてください。もしあなたが罪と不義に目をとめたもうならば、誰があなたのみ前に立つことができるでしょうか？

五、私たちの罪がいかに多くとも、神の恵みはいや増します。助ける神のみ手には限界がありません。いかに傷が深くとも。神のみが良い羊飼いであり、イスラエルをそのすべての罪から救いたまいます。

1. Aus tiefer Not schrei ich zu dir,
Herr Gott, erhör mein Rufen.
Dein gnädig' Ohren kehr zu mir
Und meiner Bitt sie öffne!
Denn so du willst das sehen an,
Was Sünd und Unrecht ist getan,
Wer kann, Herr, vor dir bleiben?

5. Ob bei uns ist der Sünden viel,
Bei Gott ist viel mehr Gnade;
Sein Hand zu helfen hat kein Ziel,
Wie groß auch sei der Schade.
Er ist allein der gute Hirt,
Der Israel erlösen wird
Aus seinen Sünden allen.

第一節は詩編一三〇編の言葉を用いていますが、第五節はローマの信徒への手紙五章二〇節の「罪が増したところには、恵みはなおいっそう満ちあふれました」という言葉が使われています。ルターにとって一番大事な言葉は、「罪の赦し」というお恵みでした。

私が愛読している『ルターの祈り』*Luther's Prayers* という英文の本は一九六七年に AUGSBURG PUBLISHNG HOUSE が刊行したもので、それを編纂したハーバート・ブロッケリングは序文で彼についてこう述べています。

彼は完全に罪を赦された人間として神のみ前に出た。
He went to God as one absolutely forgiven.

"absolutely forgiven" という言葉が私の心に迫りました。自分の罪が全部、完全に赦されている、と信じるとき、私たちは喜びに満ちて、深く感謝することができるでしょう。ルターはまさにそのような人間でした。

ルターの賛美歌を用いたバッハのカンタータ

大作曲家ヨハン・セバスティアン・バッハ（Johann Sebastian Bach, 1685-1750）はルターの信仰を受け継いでいましたので、ルターの賛美歌を心から愛していました。バッハはルターより二〇三年後に生まれたのですが、バッハはルターの賛美歌の歌詞を読んだとき、「これは自分自身の魂の叫びだ！」と思ったのではないでしょうか。彼はルターの賛美歌を使って、いくつかの素晴らしいカンタータを作曲しました。

カンタータとは、教会のそれぞれの日曜礼拝のために定められた福音書と使徒の書簡の箇所に基づいて作曲された合唱、独唱と合奏を含む声楽曲です。本章の冒頭に取り上げた「主はわが罪ゆえ」を用いてバッハはカンタータ第四番「キリストは死の縄目につながれたり」を作曲しました。「神はわがやぐら」は第八〇番、「深き悩みより」の一節と五節は第三八番「深き悩みの淵より」に使われています。

バッハ

ルターの妻カタリーナ

キリスト教史に現われる多くの偉人たちの妻たちについて書かれた本はあまりないので、私たちは彼女たちがどのような生涯をおくったのか詳しく知ることが難しいのです。ところがローランド・ベイントンが『宗教改革の女性たち――ドイツ、イタリア編』を書いたので、私たちは宗教改革の時期に生きた多くの優れた妻たちについて知ることができます。私はこの本を訳して一九七三年にヨルダン社から刊行しました。邦訳の題は『宗教改革の女性たち』です。その第一章がルターの妻カタリーナ・フォン・ボラのことを詳しく紹介しています。
当時ルターが住んでいたドイツの領邦ザクセンを支配していたのは彼の味方であったフリードリッヒ賢公でしたが、隣接していたザクセン公領の領主はルターを敵視していたゲオルク公でした。このゲオルク公の領地にあったニムシェン修道院にいたのが、後にルターの妻になった修道女のカタリーナ・フォン・ボラ、通称ケーテでした。彼女は一四九九年一月に生まれ、一六歳のとき、修道女になる誓願をたてました。

一五二〇年はじめごろ、ルターの書物がこの修道院でも読まれ、修道女たちは良心に不安を覚え、ルターに助言を求めたところ、彼は彼女たちにそこから逃げるように忠告し、その手筈をきめました。イースターの朝、彼女たちは、覆いがかけられている荷車に隠れて脱出したのです。

カタリーナ・フォン・ボラ

ケーテはヴィッテンベルクのある家庭に二年間身をよせ、家政についていろいろ学ぶことができました。彼女は魅力的な二四歳の女性でしたので、二五歳のあるハンサムな青年が彼女と結婚したいと望んだのですが、彼は家族の反対にあって、別の女性と結婚しました。ルターは彼女に好意を抱いていたようで、年の差は大きかったのですが、ケーテと一五二五年六月に結婚しました。彼はその前年の一五二四年に公式に修道服を脱ぎ、修道士でなかったのです。彼は結婚後、彼女にたいする愛が深くなり、「もし私が愛するケーテと死別することがあれば、たとえ女王とでも再婚するつもりはない」と述べたそうです。

ルター夫妻がヴィッテンベルクで住んでいた家は、「黒い修道院」と呼ばれており、ザクセン選帝侯から貸し与えられていたのですが、のちに彼らに贈与されました。一階には四〇もの部屋があり、二階にも多くの部屋があり、それが全部ふさがっていることがありました。六人の子どもたち、親戚のほかに、下宿していた学生たちや、亡命者たちが長期滞在していたからです。それでは、どのようにして彼らを養う食料を手にいれたのでしょうか。この修道院には、野菜畑、果樹園があり、馬、豚、牛、鶏や、がちょうなどを飼っていました。それゆえケーテは、種まき、刈り入れから、ミルクしぼり、バターやチーズづくり、ビールの醸造などを、召使いと一緒にしたのです。彼女には驚くほどの経営の才能があり、べつの町にあった農場も手にいれました。もし彼女が現代に生きていたら、大きな会社の社長になって大成功するだろう、と思われるほどの女性でした。

ルターが病気になり、またしばしばひどい鬱に悩んだとき、彼女は、食餌療法、湿布やマッサージで彼を介抱しました。それで医者になった息子パウルは、「母は医者の真似事ができるほどであった」と褒めたそうです。

また彼女は夫の魂を元気づけるために、一計を案じたことがありました。ある日、このうえなく落ち込んでいる夫のところに、彼女は、喪服を着て現れました。「誰の葬式にいくのか」と聞かれた彼女は、答えました。「あなたが、余りに落胆しておられるので、神様がお亡くなりになったと思ったのです」と。この話は昔聞いたことがあり、事実かどうか確かめることはできませんが、いかにもケーテらしい話です。

彼女は、一五五〇年に五一歳で召されました。彼女の最後の言葉は、「私は栗の毬《いが》が外套についてはなれないように、キリストに縋りついていたい」という言葉でした。いかにもルターの妻らしい言葉です。ルターは、その四年前に六二歳の生涯を閉じていたので、彼女と死別する苦しみを経験せずにすんだのですが、彼女は、夫を天に送って深い苦悩を味わったはずです。その苦悩のなかで、彼女はキリストに縋りついたのでしょう。彼女がルターの妻であったということは、まさに天の配剤でした。

第2章　英語賛美歌の父　I・ウォッツ

――「さかえの主イエスの　十字架をあおげば」（讃美歌一四二番）

讃美歌一四二番「さかえの主イエスの　十字架をあおげば」（新聖歌一一七番）を英語賛美歌の中で最も優れたものであると賞賛した評論家がいます。一九世紀の英国のマシュー・アーノルドという有名な人物です。また英語賛美歌の作詞者として一八世紀の英国で活躍したチャールズ・ウェスレーも、この賛美歌の素晴らしさに心を奪われました。そのような賛美歌の作詞者であるアイザック・ウォッツ（Isaac Watts, 1674-1748）とは、どのような人物であったのでしょうか。

サウサンプトンを訪れて

私は一九九一年にウォッツの故郷であるサウサンプトンを訪れました。八月三日に、ロンドンで私が泊まっていたホテルの近くのヴィクトリア・バス・ステーションからサウサンプトン行きのバスにのりました。英国では六〇歳以上だと、観光客でもバス料金が割引になるので、六九歳の私は割引のバスの切符を持っていたのですが、年より若く見られ、二度車掌に「パスポートを見せなさい」と言われて、苦笑いをしました。

この前日ロンドンで『ロンドンは死にかけているか？』と表紙に書いている週刊誌を売っているのに気づきました。旅行客がいなければ、廃墟とでも言いたい町で、東京から来ると、老衰の都市という印象をうけました。さっさとこの町を出て、田舎に行ってみたい、と思いました。

サウサンプトンでは、メインストリートであるハイ・ストリートのスター・ホテルに宿泊しました。この町は一一世紀の城壁が町の片側を囲んでおり、今イギリスで当時の壁でこれだけ長いのが残っているのは、ここだけとのことです。ハイ・ストリートの入り口にある「バーゲイト」(Bargate)は、一四世紀に建てられた城門です。この門の北に、一六八七年の初めに、ウォッツの父たち非国教徒たちは礼拝堂を建てました。ところがこの建物は第二次世界大戦のとき、ドイツ軍の爆撃によって破壊されました。私が訪れたときは、マークス&スペンサーという大手のスーパーマーケットになっていました。ところが驚いたことに、その外壁に「ここでウォッツが生まれた」と書いてありました。彼が生まれたのは、フレンチ・ストリートなのですが、そこには彼の生誕の地という標識はありませんでした。

アイザック・ウォッツ

「この町は、偉大な賛美歌作者を忘れているのか」と淋しく思っていましたら、この町が彼が作詞した讃美歌八八番「過ぎにしむかしも　きたる代々よ」の曲を午前八時から四時間毎に、シヴィック・センターの時

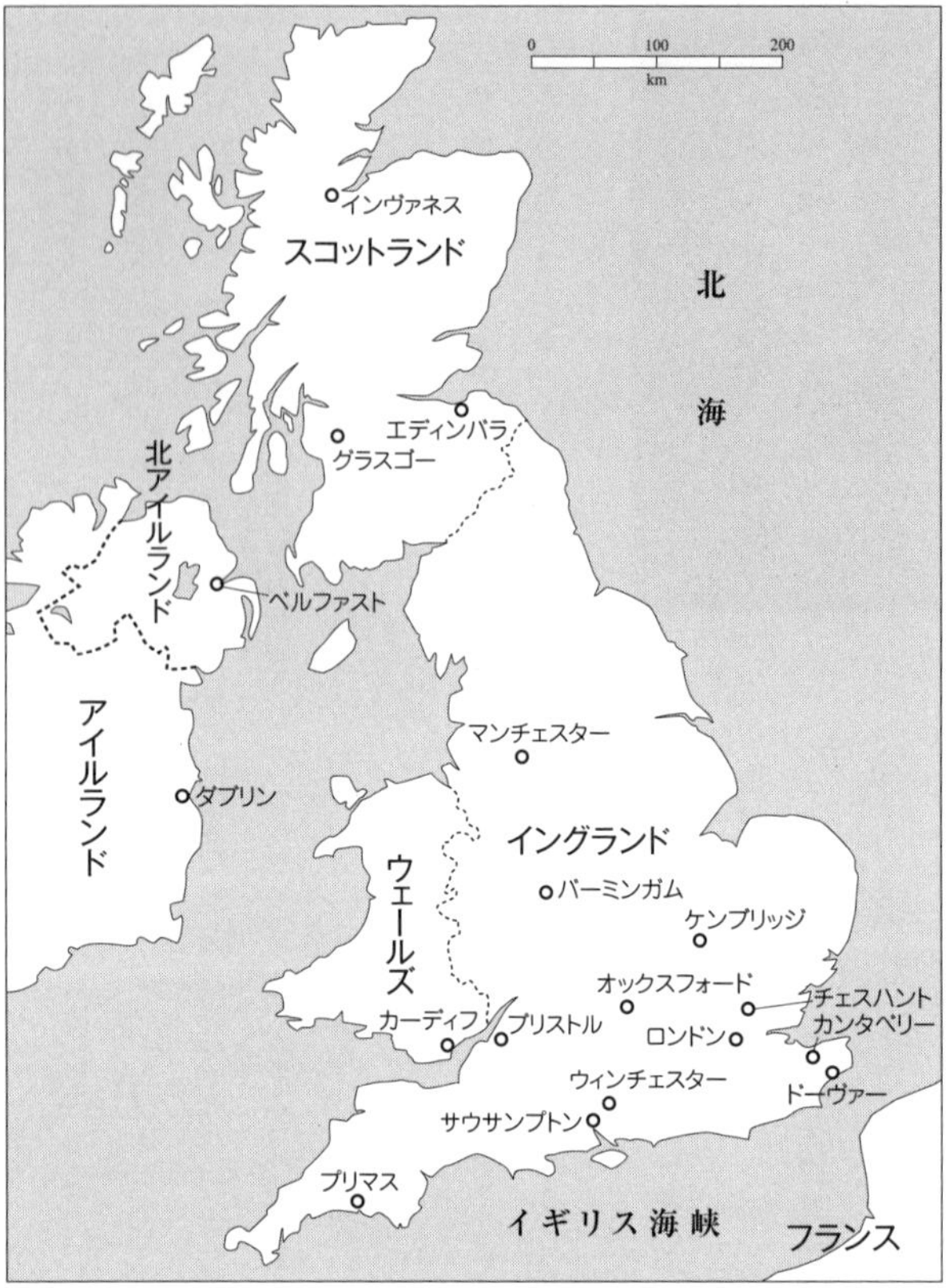
0
100
200
km
インヴァネス
スコットランド
北
海
エディンバラ
グラスゴー
北アイルランド
ベルファスト
アイルランド
ダブリン
マンチェスター
イングランド
ウェールズ
バーミンガム
ケンブリッジ
オックスフォード
チェスハント
カンタベリー
カーディフ
ブリストル
ロンドン
ウィンチェスター
ドーヴァー
サウサンプトン
プリマス
イギリス海峡
フランス

現在の英国地図

計台から流していることを知りました。しかし、私が泊まっていたホテルでは、それを聞くことができませんでした。

当時のイギリスの状況とウォッツの少年時代

私は二〇一五年に『スザンナ・ウェスレーものがたり』を教文館から刊行しました。メソジスト教会の基礎を築いたジョン・ウェスレーと弟のチャールズの母、スザンナの評伝です。スザンナは一六六九年に生まれ、一七四二年に死去していますので、ウォッツより五歳年上で、彼より六年早く天国に召されました。それゆえこの二人は同時代の英国に生きていたのです。

一六四二年にピューリタン革命と呼ばれる内戦がおこりました。イギリス国民は議会を中心にして暴君チャールズ一世と対決し、その結果一六四九年に王は処刑されてイギリスは共和制となりました。その四年後、革命の指導者であったクロムエルが最高権力者である護国卿になったのですが、彼の死後、護国卿制は崩壊し、一六六〇年に王政復古となりました。

英国国教会の首長は国王なのです。それゆえ王政が復活すると、英国国教会を批判し、改革しようとした人々に迫害の火の手があがったのです。

ウォッツはそのような王政復古から一四年後、英国南部のサウサンプトンという町で生まれました。父は彼と同じ名前で、寄宿学校を経営していました。ところが彼は当時の英国国教会の信仰が生命を失っていることを激しく非難して非国教徒となりました。彼は燃えるような信仰をもって生きていたのです。

ついに一六七三年に彼にも迫害の手が及び、獄舎に監禁されたのです。その翌年母親は生まれたばかりのアイザックを抱いて夫の獄舎の前の石に座って、あやしながら乳を呑ませたそうです。父は獄舎の窓から息子を見て祈ったと思います。「主よ、どうぞこの子が成長してあなたのために良い働きができますように」と。その息子が英国の賛美歌の歴史を変え、その賛美歌が世界の至宝と言われるようになると彼は夢想だにしなかったでしょう。それから六年後、彼はまた半年投獄されました。

そのようなわけで寄宿学校の経営をやめた父は、男性用の織物製造業に従事する"clothier"と言われる職業で家計を支えました。ところで彼は、幼い息子が驚くほどの速さで古典語を覚える才能を持っていることに気づき、六歳で小学校に入学する前にラテン語やギリシア語を教えました。一一歳でフランス語、一三歳でヘブル語を学んだというのです。一三歳の少年が旧約聖書をヘブル語で新約聖書をギリシア語で読むことが出来たということは信じがたいことです。

ところで彼は知的に優れていただけでなく、父に似て霊的に深くものを考える少年でした。一四歳のとき自分の罪深さに悩み、翌年回心をしました。

ウォッツ、神学校で学ぶ

一六八七年の初めにジェームズ二世によって信仰自由宣言が出されたので、ウォッツの父たちは自分たちの礼拝の場所を作ることができました。その翌年名誉革命が起こり、プロテスタントであったオランダ総督オレンジ公ウィリアムと彼の妃メアリーが共同統治者となり、イギリスの王位を継承しました。彼らが制定した「寛容法」は、カトリックとユニテリアンを除く非国教徒に信仰上の寛容を定めたものでした。

ウォッツは牧師になるために大学で学びたいと願ったのですが、非国教徒であったのでオックスフォードやケンブリッジに入学が許されていなかったので、ロンドンの近くにあったストーク・ニューイントン・アカデミーに入学しました。この学校は、『ロビンソン・クルーソー』の著者であるダニエル・デフォーや、スザンナ・ウェスレーの夫のサムエルが学んだ学校で、名門大学に負けないほど学力をつける学校でした。

ウォッツ、賛美歌を書きはじめる

二〇歳で学校を卒業し故郷に帰った彼は、父が通っていた教会の礼拝で、いつもそこで歌われていた詩編歌集を歌っていました。そのとき彼は思ったのです。「なんと貧弱な歌だろうか！　このような歌は、キリスト教徒の礼拝にふさわしい威厳も美しさもない！　詩編しか歌わないと、新約聖書に書かれている多くの大事なメッセージに接することが出来ない！」と。帰宅した彼は、父に彼の不満を激しくぶつけました。すると父は答えました。「それなら自分で賛美歌を書いてみたらいいではないか」と。父の言葉によって生まれたのが彼の最初の賛美歌「小羊の栄光を見よ」です。

一節と七節を紹介します。

一、小羊の栄光を見よ
み父のみ座におられる。
主のみ名をたたえる新しい言葉を
いままで知られていない新しい歌を
捧げよう。

七、あなたは血を流して我らの魂を贖われ、
囚人を解放され、
神に仕える王また祭司にされた、
それゆえ私たちはあなたとともに世を支配する。

Behold the Glories of the Lamb

1. Behold the glories of the Lamb
Amidst His Father's throne.

Prepare new honours for His name,
And songs before unknown.

7. Thou hast redeemed our souls with blood,
Hast set the prisoners free;
Hast made us kings and priests to God,
And we shall reign with Thee.

この歌の七節でウォッツは、主イエスが私たちを贖うために血を流されたと述べています。賛美歌なら当たり前のことが書いてあると私たちは思います。ところが礼拝で詩編しか歌っていなかった当時の信徒にとって、このことは驚きであったはずです。彼の父も教会の友人たちも、新鮮な喜びを感じながら彼の歌を歌ったことでしょう。曲は既存のものを用いたのでしょう。彼はこの後、毎週一つの賛美歌を書いたそうです。彼が書いた最初の歌は、一七〇七年に刊行された賛美歌集の冒頭に収録されています。

ウォッツ、牧師となる

彼は二二歳になった一六九六年に、かつて学んだアカデミーがあったストーク・ニューイントンの村の有力な非国教徒であったサー・ジョン・ハートップの家に住み込み、息子や娘の家庭教師として六年間働きました。彼らが出席していた教会はマーク・レイン・チャペルと呼ばれ、ロンドンにあり、富裕な大商人や、一七〇〇年にロンドンの市長になったトーマス・アブニーなどの非国教徒が属していた教会です。ところで非国教徒は彼らの教会をchurchとは呼ばずにchapelと呼んでいました。

彼は一六九六年にこのチャペルの副牧師になり、一七〇二年には正牧師になりました。ところがその翌年に精神的な病いにかかり、一七一三年には牧師を辞任しました。夜な夜な幻覚に苦しめられたのです。彼は牧師になるとホリス家に住み、祈りの部屋で日々熱い祈りを捧げていました。しかし彼の心の病いは癒されることなく、彼の生涯の最後まで彼を悩ませたのです。

一七一四年の春、アブニー夫妻は、病み疲れていたウォッツを彼らの美しい屋敷に一週間招待しました。ところがその結果、彼は死ぬまでの三四年間アブニー家の家族の一人として共に住むことになったのです。このことは有名で多くの人に知られているのですが、この夫妻がどのような人であり、何故ウォッツの一週間の滞在が三四年になったかということの真相についてはまだあまり知られていません。私も夫妻のことをいろいろ調べて、驚くべき事実をいろいろ発見しました。このことは、彼の賛美歌について解説したあとでとりあげます。

ウォッツの代表的な三編の賛美歌

彼は牧師在任中に世界の至宝とも言われる賛美歌を書き、一七〇七年に『賛美歌と宗教詩』を刊行しました。そのなかの三編を詳しく見ましょう。

讃美歌一四二番「さかえの主イエスの　十字架をあおげば」

冒頭で言及したこの賛美歌の私訳と原文を紹介します。

一、あの素晴らしい十字架を凝視するとき、
そこで栄光の君が死にたもうた十字架を見つめるとき、
自分の最も豊かな利益を、私は損失と見なし、
誇りにしているすべてを蔑《さげす》みます。

二、禁じてください、主よ、
わが神キリストの死以外のことを誇ることを！
私を魅惑するすべての虚《むな》しいものを、
主の血潮に犠牲として捧げます。

三、見よ！　主のみ頭、み手、み足より、
悲しみと愛がしたたるのを！
このような愛と悲しみが出会ったことがあるでしょうか。
茨《いばら》がこのように尊い冠を作ったことがあるでしょうか？

四、死にゆく主の赤い血潮は、
衣のように木のうえの主のみ体を覆っています。
それゆえ私はこの世に対して死に、
この世は私に対して死んでいます。

五、もし全世界が私のもので、それを捧げたとしても、
それはあまりに些細な贈り物です。
このような驚くべき愛、神聖な愛は、
私の魂と生涯と私のすべてを求めてやみません。

1.　When I survey the wondrous cross
On which the Prince of glory died,

117

栄えの主イエスの

［讃 142］

HAMBURG

When I survey the wondrous cross
詞：Isaac Watts, 1674－1748

Arr. from a Gregorian Chant,
by Lowell Mason, 1792－1872

1　栄えの主イエスの　十字架を仰《あお》げば
世の富誉《とみほま》れは　塵《ちり》にぞ等《ひと》しき

2　十字架の他《ほか》には　誇《ほこ》りはあらざれ
この世のものみな　消えなば消え去れ

3　見よ主の御頭《みかしら》　御手御足《みてみあし》よりぞ
恵みと悲しみ　こもごも流《なが》るる

4　恵みと悲しみ　一つに溶《と》け合い
茨《いばら》はまばゆき　冠《かむり》と輝《かがや》く

5　ああ主の恵みに　報《むく》ゆる術《すべ》なし
ただ身と魂《たま》とを　献《ささ》げてぬかずく

こもごも＝互いに

ガラテヤ6：14　ヘブル12：2　Ⅰペテロ2：22－25

My richest gain I count but loss,
And pour contempt on all my pride.

2. Forbid it, Lord, that I should boast,
Save in the death of Christ my God!
All the vain things that charm me most,
I sacrifice them to His blood.

3. See from His head, His hands, His feet,
Sorrow and love flow mingled down!
Did e'er such love and sorrow meet,
Or thorns compose so rich a crown?

4. His dying crimson, like a robe,
Spreads o'er His body on the tree;
Then I am dead to the globe,
And all the globe is dead to me.

5. Were the whole realm of nature mine,
That were a present too small;
Love so amazing, so divine,
Demands my soul, my life, my all.

ウォッツは十字架のうえで血を流しておられる主イエスのみ姿を思って、自分の全存在を揺り動かされる思いに駆られます。自分が今まで「最も豊かな利益」と思っていたことは実は「損失」であり、自分が得意顔で話していたことは、軽蔑すべきことなのだと悟ります。自分が誇るべきことは、ただ一つ、それはキリストが私のために死にたもうた、ということだけなのだと。そのような驚くべき愛にたいして、自分の生涯すべてを主に捧げるほかはないと告白しています。日本語訳は由木康で、素晴らしい訳です。

一九九一年の夏、米国のアトランタにあるメソジスト系のエモリー大学の神学部図書館を訪れたとき、ウォッツの説教集を読むことができました。そして分かったことは、彼の賛美歌は、彼の教会の信徒たちの現状にたいして、彼が語りかけたものである、ということです。

彼の礼拝に出席していたロンドンの商人たちは、穀物とぶどう酒の販売によって莫大な富を蓄えていました。彼らにとって大事なのは「利益」であり、彼らが恐れたのは「損失」でした。また事業で大成功をすると、得意顔にそのことを自慢していたのでしょう。ところでウォッツはある時、主イエスの十字架上の御苦しみを今までにないほど深く示され、その御苦しみに表れている主の愛に感激してこの歌を書き、それについて、彼の会衆に説教したのでしょう。

ローウェル・メイソン

この歌の曲「ハンブルグ」について

この歌にはいくつかの曲が配されていますが、一番有名なのが「ハンブルグ」です。「米国の賛美歌の父」と呼ばれているローウェル・メイソン（Lowell Mason, 1792-1872）が、グレゴリオ聖歌のある旋律にヒントをもらって書いた曲と言われていますが、彼の創作と言ってよいものです。

明治一五（一八八二）年に発行された『小学唱歌集』初編の「隅田川」にこの曲が使用されています。

すみだがはらの　あさぼらけ　雲もかすみも　かをるなり
水のまにまに　ふねうけて　花にあそばむ　ちらぬまに

このほかにも賛美歌の曲が子どもの歌に用いられている例がいくつかありますが、ほとんど遊びの歌です。このことは、私たちキリスト者にとって、悲しいことです。

讃美歌一三八番「ああ主は誰《た》がため」（新聖歌一一五番）

この賛美歌は一四二番と同じく、主イエスが私のような罪人のために十字架にかかり、死なれたことに対する驚きと、その愛に報いるために、自分の身を捧げることを歌っています。

一、ああ、私の救い主は血を流し、
私の支配者は死なれたのか！
主はその尊いみ頭《かしら》を捧げられたのか、
うじ虫のような私のために？

二、私が犯した犯罪のために、
主は十字架で苦しまれたのか？
驚くべき憐れみ、今まで知られていない恩恵！
計り知れない愛！

三、太陽は闇にかくれ、
その光を隠してほしい、
偉大な創造者である神が

造られた者の罪ゆえに死なれたとき。

四、主の十字架が見える間、
私は恥じて顔を隠したい。
感謝の思いに満たされて
目には涙があふれてくる。

五、しかしどれほど涙を流しても
主の深い愛の負債を返却することは出来ない。
主よ、自分自身を捧げること、
私に出来ることはこれだけです。

1. Alas! and did my Saviour bleed,
And did my Sovereign die!
Would he devote that sacred head
For such a worm as I ?

115 ああ主は誰《た》がため

［讃 138］

Alas! and did my Saviour bleed
詞：Isaac Watts, 1674–1748

BELLERMA
Old Spanish Melody, probably by
François H. Barthélémon, 1741–1808

1 ああ主は誰《た》がため　世に降《くだ》りて
かくまで悩《なや》みを　受け給える

2 わがため十字架に　悩み給う
こよなき御恵《みめぐ》み　計《はか》りがたし

3 咎《とが》なき神の子　咎を負《お》えば
照《て》る日も隠《かく》れて　闇《やみ》となりぬ

4 十字架のみもとに　心迫《せま》り
涙《なみだ》にむせびて　ただひれ伏《ふ》す

5 涙も恵みに　報《むく》いがたし
この身をささぐる　他《ほか》はあらじ

こよなき＝このうえもない
むせびて＝心がつまって

哀歌1：12　ローマ4：25　ヘブル2：9

2. Was it for crimes that I have done,
He groaned upon the tree?
Amazing pity! Grace unknown!
And love beyond degree!

3. Well might the sun in darkness hide,
And shut the glories in,
When God, the mighty maker, died
For his own creature's sin.

4. Thus might I hide my blushing face
While his dear cross appears;
Dissolve my heart in thankfulness;
And melt mine eyes to tears.

5. But drops of tears can ne'er repay
The debt of love I owe.

Here, Lord, I give myself away;
'Tis all that I can do.

私は一四二番の「さかえの主イエスの」について書いているとき、きっとウォッツは感激の涙を流しながらこの歌を書いていただろうと思っています。しかし、彼は一三八番で述べています。どれほど涙を流しても、主の愛の負債を返すことはできないと。私たちは「愛の負債」を主イエスに負っているのです。

米国の賛美歌作詞者として有名なファニー・クロスビーが回心したとき、この賛美歌が大きな影響を与えたことはよく知られています。彼女について書くとき、詳しく説明します。

讃美歌一八一番「みたまよ、くだりて　あいのほのお」

ウォッツは一七〇七年版の賛美歌集の序文で、無表情で詩編を歌っている信徒を批判して、次のように述べています。

神の教会で神を賛美する歌を歌うとき、私たちは、礼拝において最も天国に近いパートに携わっているのですが、残念なことに、それがこの地上で最も貧弱に行われているのです……詩編を歌っているとき会衆の表情には虚《うつ》ろな無関心、いいかげんな態度が見られます。そのような顔は、熱い信仰心が欠けていることを物語っています。

このような情けない状態は、まさに彼の会衆に見られたのです。そのことを悲しんだ彼は、この一八一番に次のように述べています。二節を除いて、私訳と原文で紹介します。

一、聖霊よ、天来の鳩よ、
命を与える力を注いでください。
点火してください、潔い愛の火を、
私たちの冷たい心に。

三、私たちの賛歌は形だけで、
感動が欠けています。
賛美の言葉は口もとでしぼんでしまい、
礼拝は死んでいます。

四、愛する主よ、こんなに情けない瀕死の状態で
生き続けていいのでしょうか。

あなたへの愛は弱く、冷めたいのです。
あなたのご愛はかくも深いのに！

五、聖霊よ、天来の鳩よ、
私たちに降り、私たちを生き返らせてください。
救い主の愛をあまねく広げ、
私たちの心に点火してください。

1. Come, Holy Spirit, heavenly Dove,
With all Thy quickening powers;
Kindle a flame of sacred love
In these cold hearts of ours.

3. In vain we tune our formal songs,
In vain we strive to rise;
Hosannas languish on our tongues,
And our devotion dies.

4. Dear Lord! and shall we ever live
At this poor dying rate?
Our love so faint, so cold to Thee,
And Thine to us so great!

5. Come, Holy Spirit, heavenly Dove,
With all Thy quickening powers;
Come, shed abroad the Savior's love
And that shall kindle ours.

この賛美歌を読んで、私たちははっとします。感動なしに賛美歌を歌っているとは、まさに私たちのことではないでしょうか。そのように口だけで賛美を歌う礼拝は「死んでいる」とウォッツは警告しています。そのような信徒は、「瀕死の状態」であると言うのです。そして彼は「聖霊よ、私たちに降り、生き返らせてください」と祈っています。

今まで取り上げた三編の賛美歌が収録されている賛美歌集が刊行された一七〇七年は、チャールズ・ウェスレーが生まれた年です。兄のジョンはその四年前に誕生しました。この兄弟が推進したメソジスト運動において、ジョンは「聖霊が作り出す信仰」を強調して説教で述べました。

信じるもの一人ひとりの魂にキリストの贖いの恵みをもたらすのは聖霊の働きである。聖霊の力によってキリストは我らの心のなかに見出される。

チャールズがウォッツの「さかえの主イエスの」を激賞したことはすでに述べましたが、ウォッツもチャールズの『格闘するヤコブ』（Wrestling Jacob）という賛美歌を彼の最良の作と褒めたそうです。

ウォッツの恩人であったアブニー夫妻について

トーマス・アブニー

トーマス・アブニー（Thomas Abney, 1640-1721）という人物は、知れば知るほど私たちを驚かす人間です。一六四〇年一月にダービー州で生まれ、幼いときに母を亡くすという不幸に見舞われます。レスター州の学校を卒業するとロンドンに赴き、そこで魚や海産物の商売をして成功します。彼は松下幸之助のような商才を持ち、次々と出世し、一七〇〇年九月にはロンドン市長となり、また英国銀行の創立者の一人として活躍しました。そのような貢献が認められて、ウィリアム三世からナイト爵を授与されたのです。

彼はこのように世俗的に出世しましたが、彼がほんとうに願ったことは神を賛美し、神に仕えることであったのです。彼は若いときからロンドンの非国教徒の教会に属していました。そして資産が増えたとき、「聖トーマス病院」を設立し、多額の援助金をこの病院のために寄付しました。一六六八年に最初の妻であるセイラと結婚した彼は、七人の子供に恵まれたのですが、そのうちの六人は幼児か少し育った後で亡くなり、妻も一六九八年に天国に召されました。その二年後の一七〇〇年八月に彼はメアリー・ガンストン（Mary Gunston, 1676-1750）と結婚しました。彼は六〇歳で妻は二四歳でしたが、この結婚は驚くほど実りのある結婚でした。結婚した翌月の九月に、彼はロンドンの市長になりました。

ところがその四年後に彼の最初の妻との間にできたエドワードという優秀な息子が二四歳の若さで天に召されたので、トーマス・アブニーの子どもは一人もいなくなったのです。しかし彼とメアリーには三人の可愛い娘が与えられました。

メアリーは優れた知性と深い信仰を持っていた素晴らしい女性でした。夫のトーマスはその経歴を見ても分かるように、出会う人間の真価を瞬時に把握することが出来たようです。いわゆる「目利き」であったのでしょう。自分より三六歳若いメアリーの内に潜んでいる可能性を彼は感じとったと思います。それで彼らは結婚したのでしょう。

このように考えてみると、私にはウォッツについて次のような推測が生まれます。ウォッツは一六九六年にロンドンの近くのストーク・ニューイントンに住んでいたハートップ家の家庭教師になりました。サー・ジョン・ハートップは、ロンドンのマーク・レイン・チャペルに属しており、トーマス・アブニーはその教会の有力メンバーでした。

ところで、この一六九六年に、このチャペルの副牧師になったのがほかならぬウォッツなのです。トーマス・アブニーはウォッツに会ったとき、「この男はすごい人間だ。ぜひ自分のチャペルの牧師になって欲しい」と思って彼を推薦したのではないか、と。ウォッツの説教を聞き、彼が書いた賛美歌などに深い感動を覚えていた彼は、ウォッツの肉体と精神が弱っていくのを見て、何か自分にできることはないかと思いめぐらしたでしょう。そして妙案が浮かんだのでしょう。彼を自分の屋敷に招き、自分の家族の一人として一生彼の世話ができたらよいと。それで彼は「一週間どうか私のところにおいでください」と招いたのではないでしょうか。一週間が終わったとき、帰宅しようとするウォッツに、アブニーは「ぜひこれからずーっとここに滞在してください」と懇願しました。それを固辞するウォッツに、アブニーは執拗に迫ったようです。「先生がおられないと私たちが困るのです」と。アブニーが「執拗に迫った」という箇所は私の推測ではなく、私が見た史料に書いてあります。

ウォッツが招かれたアブニー邸はロンドンの北、ハートフォードシャー州のチェスハント村にあった豪壮な屋敷で、広い庭園がありました。ところが一七〇一年にメアリーの弟であったトーマス・ガンストンが亡くなったので、彼が所有していたストーク・ニューイントンの領地と家がアブニー夫妻のものとなりました。その屋敷はロンドンの有名なセントポール大聖堂の北五マイルの所にあったので、夫妻はチェスハントにある屋敷よりも、アブニー・ハウスと呼ばれていたこの屋敷に滞在することが多くなりました。一七二二年に夫トーマスは天国に召されました。その一四年後にメアリーはチェスハントの屋敷を引き払ってアブニー・ハウスで生活しました。未婚の娘エリザベスとウォッツが一緒でした。死にいたるまでウォッツの世話を見ることは、夫との堅い約束であったと思います。

彼女はその屋敷に当時のイギリスで有名であった宗教指導者たちを招いて、どうすればイギリスの教会を活性化することが出来るかを話し合ったようです。その一人がハンティングトン伯爵夫人のセリーナ・ヘイスティングスです。メソジスト運動で活躍したジョン・ウェスレーの協力者であったジョージ・フィットフィールドは、ジョンとは違ってカルヴァンの「予定説」を信じて彼独自の伝道に励んだのです。ハンティングトン伯爵夫人はフィットフィールドを応援し、彼女自身がリーダーとなって一つの教派を作りました。また「もろびとこぞりて」の作詞家として有名なフィリップ・ドッドリッジとも親しかったと言われています。

ウォッツの召天

ウォッツは一七四八年に天国に召されました。メアリーはその二年後に七四歳の生涯を閉じました。このように見てきますと、私は考えます。ウォッツはアブニー夫妻に出会わなかったら、歴史に名前を残すことが出来なかったのではないかと。ウォッツの説教を聞いた彼らは、牧師にどれほど彼の説教によって励まされたかを話したのではないでしょうか。彼が書いた賛美歌によって大きな喜びを与えられたと告げたのではないでしょうか。この夫妻と出会うことによってウォッツは神の愛を深く、深く信じることができたのではないでしょうか。

第3章　P・ゲルハルトと受難の賛美歌
――「血しおしたたる　主のみかしら」（讃美歌21三一一番）

パウル・ゲルハルト（Paul Gerhardt, 1607-76）はドイツの最高の賛美歌の作者と言われていますが、いや、世界で最も優れた賛美歌作者であると評する人もいます。彼が作詞した賛美歌を読むと、私たちはその一字一句に込められている彼の強靱な信仰と主イエスにたいする熱愛に驚かされます。

『ハイジ』とゲルハルトの賛美歌

川端純四郎先生は、『さんびかものがたりⅡ　この聖き夜に』（日本キリスト教団出版局）のゲルハルトの記事のなかで次のように書いておられます。「ルターのドイツ語聖書とグリム童話とゲルハルトの賛美歌、この三つがドイツで一番愛されている詩文であると言われています。ヨハンナ・シュピリの名作『ハイジ』の中で、目の見えないおばあさんにハイジが繰り返し賛美歌を読んであげる場面が出てきます。あの詩もすべてゲルハルトの賛美歌です」。

この箇所を読んだ私は「是非その賛美歌を読んでみたい」と思い、『ハイジ』（矢川澄子訳、福音館書店）を買い求めてゲルハルトの賛美歌を探しました。上巻一四章にあります。ハイジが友人で山羊を飼っているペーターの山小屋で、目が見えないおばあさんのためにゲルハルトの歌を読んであげます。その賛美歌を土浦めぐみ教会（日本同盟キリスト教団）の高橋竹夫氏が訳されたものがネットに載っています。「『ハイジ』に見る貧しさと豊かさ」と題するサイトです。大変よい訳ですので紹介します。

喜びに満ちる金色の光は、
その輝きに乏しい私たちに
よみがえりの光を注ぐ。
私の面《おもて》も、私の体も、いま立ち上がる。
私の眼は、神の造られた世界を見る。

パウル・ゲルハルト

それは神の栄光が果てしないことを教える。
それはまた、神を敬う人が平安のうちに、
このはかない大地から去っていく、
その行く手を教えている。
すべてのものは過ぎ去る。
しかし、神のみ揺るぎなくおられる。
その思いと、その言葉は、

永遠を礎《いしずえ》とする。
神の救いとみ恵みは、正しく、誤ることがない。
私たちの心の痛みをいやし、
私たちをこの世においても、
また永遠においても支えたもう。
十字架も苦しみも、もはや終わろうとしている。
わき立つ波は静まり、ざわめく風もなぎとなり、
希望の光は照り輝く。
喜びときよらかな静けさ、
これこそ天の園にあって私が待ち望むもの。
私はそこに思いこがれる。

それを聞いていたおばあさんは喜びで輝く表情をし、涙を浮かべて頼むのです。「もう一ぺん聞かせとくれよ、ハイジ、もう一ぺんね――十字架も苦しみも、もはや終わろうとしている――って」。

この一四章のこの先を読むと、素晴らしいことが起こります。今まで全くキリスト教の信仰に関心がなく、教会とは無縁であったハイジのおじいさんに、ハイジは「放蕩息子」の話をします。そ

して、おじいさんは教会に行き、牧師と和解するのです。ところで『ハイジ』下巻の四七頁と七九頁にもゲルハルトの賛美歌が引用されています。

この本の「あとがき」によると、著者ヨハンナ・シュピリ（Johanna Spyri, 1827-1901）はスイスの小さな村に生まれました。父ヨハンは、無医村のこの村にきて働いた愛情豊かな人物でした。母親メタ・ホイサーは牧師の娘で、優れた詩人であり、文学辞典にも名前が載っているそうです。この『ハイジ』の中でおばあさんがゲルハルトの賛美歌の歌詞に感激する場面について述べましたが、シュピリは母親からゲルハルトの賛美歌の素晴らしさを教えられたのではないでしょうか。

このように見てきますと、ゲルハルトの賛美歌がドイツ語を話す地域の人々の日常生活において、どれほど大きな影響を与えたかを知ることができます。

ヨハンナ・シュピリ

彼の賛美歌が多くの人々に主イエスの愛を伝えて、彼らを慰め、励ますことができるのは、彼自身が主イエスの愛に「ときめき」を感じていたからでしょう。このごろ日本で「ときめき」という言葉がはやっています。私たちも彼のように主イエスの愛にときめきたいと思います。

ゲルハルトの父母について

ところでゲルハルトの人生は苦難に満ちていました。

ドイツのザクセン公国のヴィッテンベルクの南にあるグレーフェンハイニッヒェンで生まれました。ゲルハルトの生涯について詳しく述べている良書があります。小栗献牧師がドイツの賛美歌作詞家たちの関係の土地を訪ねて書かれた『コラールの故郷をたずねて』（日本キリスト教団出版局）です。ゲルハルトの父は、醸造所やレストランを経営していましたが、三人の回り持ちの市長の一人で、母親は牧師の娘でした。ところが一二歳で父を天国に送り、一四歳で母も亡くすという悲運を経験します。また一一歳のときに三十年戦争（一六一八―四八）が起こり、終わったとき、彼は四一歳になっていました。

三十年戦争について

この戦争は、オーストリアを所領とするハプスブルク家の当主で神聖ローマ帝国の皇帝フェルディナント二世の野望によって起こった戦争です。彼はスペインのハプスブルク家と手を組んで、ヨーロッパ世界に君臨する帝王になることを夢見ていました。菊池良生氏は次のように述べています。

フェルディナント帝はいみじくも「ハプスブルク家が他のすべての君主に法を与えるのだ」と言い放った。この「他のすべての君主」とは単にドイツ諸侯のみを指すのではなく、ヨーロッパ世界の文字どおり全ての君主を意味する。つまりは一つの王家の私的利益がそのままヨーロッパ全体の公共の用益となるのだ。他家にとって、これはまさしく悪夢であった。オーストリア、スペイン両ハプスブルク家に挟撃されているフランスは、この悪夢に慄然とする。

(『戦うハプスブルク家——近代の序章としての三十年戦争』講談社現代新書、六九頁)

フェルディナント二世は幼少のとき修道院に入り、そこでイエズス会の教育をうけ、プロテスタントを滅ぼすことが自分の使命であると固く信じていました。その使命感がヨーロッパ全体の君主としての権力を握りたいという野望と結びつき、この大戦争が起こったのです。

一六一八年に現在のチェコ、当時のボヘミヤ王国の新教徒たちが、フェルディナント二世のカトリックの強制に反抗して反乱を起こしたことがきっかけになり、旧教諸侯の「同盟」と新教諸侯の「連合」との内戦となりました。そこにスペインが旧教徒を、オランダが新教徒を支援しました。旧教徒の盟主であるハプスブルク家は、その後新教国であるデンマークとスウェーデンと戦い、一六三五年には旧教国であるフランスと戦ったのです。フランスはハプスブルク家の勢力が強大になることを恐れて、新教側を支援しました。

この戦争はドイツを戦場としたので、恐ろしい災害をドイツにもたらしました。兵士たちによる略奪が行われ、伝染病による死者が続出し、農村は約四〇%、都市は約三三%の人口を失ったと言われています。

この恐ろしい三十年戦争は一六四八年一〇月に皇帝軍(旧教徒)の敗北によって終結し、「ウェストファリア条約」が締結されました。一五五五年の「アウクスブルク宗教和議」では、「領主の宗教は領民の宗教」であると定められて、領主がルター派の信仰を持っていると、領民もルター派であることが許されたのです。しかしカルヴァン派の信仰は除外されていました。ところが「ウェストファリア条約」では、領主と領民がカルヴァン派の信仰を持つことも公認されました。

ゲルハルトの苦難の人生

ゲルハルトは一六二八年にヴィッテンベルク大学に入学し、素晴らしい詩学の教授に出会い、専門を神学から詩学にかえました。これが彼を偉大な賛美歌作詞家に育てたのです。

戦争によって牧師職に就くことが出来なかったゲルハルトは、この大学の町である牧師の家の家庭教師となり、一四年間この町に住んでいましたが、三五歳のとき、ベルリンに移り、弁護士ベルトルト家の家庭教師になりました。ところでその家族の中に彼が運命的な出会いをする女性がいました。一五歳年下のアンナ・マリーアは、美しい魂を持った女性であったのでしょう。ゲルハルトは彼女との結婚を望んだのですが、父親が反対しました。ちゃんとした職業につくまで結婚してはならないと言ったのです。

彼らは出会いから一三年後の一六五五年に、やっと結婚することができました。その時彼はミッテンヴァルデの教会の牧師で四八歳、妻は三三歳でした。ところが、翌年生まれた娘は八か月で亡くなりました。夫妻の悲しみは、私たちの想像を超えるほど深刻であったはずです。

五〇歳のとき、ゲルハルトはベルリンの最も古く大きな教会の牧師になりました。その教会の音楽責任者で、大変優れた作曲家であるハンス・クリューガーは、『歌による敬虔の訓練』という賛美歌集を編纂し、そこに多くのゲルハルトの歌詞に彼が作曲した賛美歌を載せていましたので、ゲルハルトが彼の教会の牧師になったことは、クリューガーの大きな喜びであったはずです。ベルリンに赴任する数年前からゲルハルトは多くの素晴らしい賛美歌を書いていました。

しかしその教会で一〇年務めたとき、事件が起こりました。ベルリンの領主であったブランデンブルクのフリードリッヒ・ヴィルヘルム大選帝侯はカルヴァン派の信仰を持っており、ルター派を弾圧しようとしたのです。川端純四郎先生はつぎのように説明しています。

> 大選帝侯は両者の争いを鎮めるために、ルター派の牧師にたいしてルター派の「和協信条」への忠誠を破棄するように命令しました。「和協信条」にはカルヴァン派が誤りであることが明記されていたからです。
>
> （『さんびかものがたりⅡ　この聖き夜に』一二九頁）

ゲルハルトはルター派の信仰を堅持することが自分の使命であると信じていたので、この命令に従うことを拒否し、リュッベンという小さな町のシュプレーヴァルト教会に左遷されました。ところで彼には次々と苦難が襲ってきました。ベルリンで生まれた四人の子どもたちが次々に亡くなり、次男一人が生き延びました。それに加えて一六六八年には妻も帰らぬ人となりました。彼女は四五歳でした。恐るべき孤独のなかで、彼は必死で神の愛に縋ったことでしょう。彼はこの地で一六七六年に六九歳で天に召されました。

讃美歌21三一一番「血しおしたたる」

十字架上の主イエスの御苦しみを歌ったこの賛美歌が発表されたのは、結婚の翌年の一六五六年で最初の子どもである幼児が生まれて八か月で亡くなった年です。その悲しみのなかから生まれた歌ではないでしょうか。この六節に「あなたのみ頭が死の一撃によって青ざめるとき、私はあなたを私の腕と胸で抱かせていただきたいのです」とありますが、彼は息が絶えた娘の亡骸を抱いたときのことを想起しながらこの箇所を書いたのではないでしょうか。

長年この歌の原作者は有名な聖人で、ルターがこよなく愛したクレルヴォーのベルナール(Bernard de Clairvaux, 1090-1153)であると思われていましたが、最近ルーヴェンのアルヌルフ(Arnulf of Leuven, c.1200-50)であると言われています。彼はベルナールの弟子で、ベルナールから豊かな霊的遺産を受け継いでいた人のようです。ネットにそのラテン語版と英語の訳が載っています。英語の訳を読んで気づくのは、この歌はゲルハルトがラテン語の歌を訳したものではなく、それに触発されて彼自身の思いを書いたもので、彼の創作とも言うべき作品だということです。原詩(ドイツ語)と私訳を紹介します。

一、おお、み頭《かしら》よ、血と傷と悲しみと嘲りに満ちているみ頭よ。
おお、み頭よ、茨の冠をもって嘲られたみ頭よ！
おお、み頭よ、かつて高い誉れによって飾られていたみ頭よ、
今はこの上なく嘲られていたもう。主よ、あなたに敬意を表します。

二、気高いみ顔よ、常ならばこの世の長《おさ》たちが恐れおののくべきみ顔よ。
あなたはこのように唾《つばき》され、青白くなられたのですか！
誰があなたの御《おん》目の光をこのように卑劣に傷つけたのですか、
どのような光にも比べることができない光を？

五、私を認めてください、私の守り手よ。私の牧者よ、私をとらえてください。
すべての善きものの泉であるあなたより、多くの善きものを受けています。
あなたのみ口は、乳と甘い食物をもって私を元気づけてくれます。
あなたのみ魂《たま》は、天国の多くの喜びを私に与えてくださいました。

六、私はここでみそばにはべります。私を無視しないでください。
私はあなたから離れません。あなたのみ心が死にそうなほど苦しまれるとき。

あなたのみ頭が死の一撃によって青ざめるとき、
私はあなたを私の腕と胸で抱かせていただきたいのです。

1. O Haupt voll Blut und Wunden,
Voll Schmerz und voller Hohn,
O Haupt, zum Spott gebunden
Mit einer Dornenkron,
O Haupt, sonst schön gezieret
Mit höchster Ehr und Zier,
Jetzt aber hoch schimp-fieret:
Gegrüßet seist du mir!

2. Du edles Angesichte,
Davor sonst schrickt und scheut
Das große Weltgewichte:
Wie bist du so bespeit,
Wie bist du so erbleichet!

Wer hat dein Augenlicht,
Dem sonst kein Licht nicht gleichet,
So schändlich zugericht?

5. Erkenne mich, mein Hüter,
Mein Hirte, nimm mich an.
Von dir, Quell aller Güter,
Ist mir viel Gut's getan;
Dein Mund hat mich gelabet
Mit Milch und süßer Kost,
Dein Geist hat mich begabet
Mit mancher Himmelslust.

6. Ich will hier bei dir stehen,
Verachte mich doch nicht;
Von dir will ich nicht gehen,
Wenn dir dein Herze bricht;

Wenn dein Haupt wird erblassen
Im letzten Todesstoß,
Alsdann will ich dich fassen
In meinen Arm und Schoß.

この歌はバッハが特別愛した歌で、《マタイ受難曲》の第一、第二、第五、第六、第九節に用いられています。これに配されている素晴らしい曲は、ハンス・レオ・ハースラー（Hans Leo Haßler, 1564-1612）というドイツの作曲家のものです。樋口隆一氏によると、ハースラーが一六〇一年に出した歌曲集にある「私の心は千々に乱れ」という恋の歌のために書いた曲とのことです（『ドイツ音楽歳時記』講談社）。

讃美歌21五二八番「あなたの道を」

この「あなたの道を」が書かれたのは一六五三年です。一六五一年に彼はミッテンヴァルデの牧師になったのですが、その町は三十年戦争でひどく荒廃しており、とても結婚できる状況ではありませんでした。彼の生活がやっと落ち着いて結婚できたのは、四年後の一六五五年でした。このような苦難のただ中にいるときに彼が書いたのがこの歌です。世界の多くの賛美歌のなかで、これほど深い信頼を神に寄せた歌は珍しいと思います。

「あなたの道を主にまかせ、主に望みをかけよ。主は善きにはからいたもう」（詩編三七編五節）
Befiel dem Herrn deine Wege und hoffe auf ihn, er wird's wohl Machen.

ゲルハルトはこの聖句に出会って心が燃えました。この二聖句の一二字の一字一字を一二節の各節の初めにもってきて、この賛美歌を書きました。原詩の一部と私訳を紹介します。

一、まかせよ、あなたの道とあなたの心を悩ませることを、
最も忠実なる保護者に。
この方は天を統べ、
雲、大気、風に道、筋、大路を与え、
あなたが歩む道をも見つけたまいます。

三、おお父よ、あなたの永遠の真実と恵みは、
死すべき人間にとって
何が善であり災いであるかを知り、見たまいます。
強き勇士よ、あなたは、あなたが良いと判断されたことを
実行したまい、あなたのみ心に適うことを実現されます。

かみはあゆみーを　みーちびーかれる。
➤ひかりをてらーし　みーちびーかれる。
なすべきつとーめ　あーたえーられる。
▷よろこびのうーた　とーもにーうたおう。

（♩=88）

アーメン。

1 あなたの道《みち》を　主《しゅ》にまかせて
思《おも》いわずらい　主《しゅ》にゆだねよ。
雲《くも》と風《かぜ》にも　道《みち》を示《しめ》す
神《かみ》は歩《あゆ》みを　導《みちび》かれる。

2 どんな時《とき》にも　道《みち》を備《そな》え、
あなたのわざを　神《かみ》は祝《しゅく》す。
いつもあなたの　先《さき》に進《すす》み
光《ひかり》を照《て》らし　導《みちび》かれる。

3 悪《あく》が支配《しはい》し　おどす時《とき》も
先立《さきだ》つ神《かみ》は　戦《たたか》われる。
目標《もくひょう》めざす　あなたのため
なすべき務《つと》め　与《あた》えられる。

4 走《はし》るべき道《みち》を　走《はし》り終《お》えて
栄光《えいこう》のみ国《くに》へ　帰《かえ》るその日《ひ》、
勝利《しょうり》の冠《かんむり》　与《あた》えられて
喜《よろこ》びの歌《うた》　共《とも》に歌《うた》おう。

ヘブ12：8－9　哀3：25　詩37：5－9，31：2－7
Ⅱテモ4：7－8　フィリ3：12－16

528

苦難と慰め

あなたの道を

［I 290］

Befiehl du deine Wege　　　BEFIEHL DU

詞：Paul Gerhardt, 1607－1676　　　曲：Johann M. Haydn, 1737－1806

五、たとえすべての悪魔がここで手向わんとも、
神は絶対に後退されることはありません。
神が一旦実行しようと決意されたこと、
また手にいれようとされることは、
必ずその目的と目標に添うよう最後に実現されます。

1. Befiehl du deine Wege
Und was dein Herze kränkt
Der allertreusten Pflege
Des, der den Himmel lenkt:
Der Wolken, Luft und Winden
Gibt Wege, Lauf und Bahn,
Der wird auch Wege finden,
Da dein Fuß gehen kann.

3. Dein ewge Treu und Gnade,
O Vater, weiß und sieht,

Was gut sei oder schade
Dem sterblichen Geblüt:
Und was du dann erlesen,
Das treibst du, starker Held,
Und bringst zum Stand und Wesen,
Was deinem Rat gefällt.

5. Und ob gleich alle Teufel
Hier wollten widerstehn,
So wird doch ohne Zweifel
Gott nicht zurücke gehn:
Was er sich vorgenommen
Und was er haben will,
Das muß doch endlich kommen
Zu seinem Zweck und Ziel.

ゲルハルトは、私たちの人生を神に任せよ、と述べています。私たちにとって何が善であり、何が災いであるかを神はご存知なのです。ところが私たちは神の御心が分からず、苦しいことに出会うとうろたえます。神が私たち一人ひとりを本当に愛し、心にかけていてくださることを信じているつもりで、本当は信じていないのです。ゲルハルトは本当に、本当に神の愛を信じていました。

第七節で彼は述べています。「あなたはすべてを自分で支配したい、と思ってはなりません。神は支配者の座につき、すべてを善きに計らってくださいます」。神にたいするなんと深い信頼をゲルハルトはいだいていたことでしょうか！　この賛美歌は多くの人々を励まし、慰めてきました。私も初めてこの歌をドイツ語で読んだときの感動を忘れることはできません。

この歌の作曲者は、「交響曲の父」と呼ばれるハイドンの弟であるヨハン・ミヒャエル・ハイドンです。

讃美歌三四二番「主よ、主の愛をば　いかにほめまつらん」

同じ年にゲルハルトは、主イエスの愛を賛美する美しい賛美歌も書きました。“O Jesu Christ, mein schönstes Licht”です。訳すと「おーイエス・キリスト、私の最も美しい光よ」です。この賛美歌を、米国のジョージア州の伝道地で一七三九年に読んだジョン・ウェスレーは、深い感動に包まれて、次のように思ったのではないでしょうか。「ゲルハルトの主イエスの愛にたいする賛歌は、まさに私の魂の叫びだ」と。彼はこの歌をドイツ語から英訳しましたが、それは単なる訳ではなく、彼自身の信仰告白でした。彼の初行は“Jesus, thy boundless love to me”「イエスよ、あなたの私に対する無限の愛は」です。讃美歌三四二番「主よ、主の愛をば　いかにほめまつらん」は、このウェスレー訳を邦訳したものです。ウェスレー訳と私訳を紹介します。

一、イエスよ、あなたの私に対する無限の愛は、
私の思いを超えており、言葉で表現することもできません。
感謝に満ちている私の心をあなたに結び付け、
私の心をあなたのみが支配してください。
愛する主よ、あなたのためにのみ私は生き、
愛する主よ、あなたに私自身を捧げます。

ジョン・ウェスレー

二、私の願いはあなたの聖なる愛以外のなにものも
私の魂に住まないことです。
あなたの愛が私のすべてを満たしてください、
私の喜び、私の宝、私の冠よ！
すべての冷酷な思いを私から遠ざけ、
私のすべての行為、言葉と思いが愛でありますように。

三、愛である主よ、あなたのみ光は、なんと深い慰めでしょうか！
み前ではすべての苦痛は逃げさり、
心労、苦悩、悲哀は解け去ります。
あなたの癒しのみ光があるところでは、
イエスよ、あなたのみ姿のみを見、
あなたのみを求め、探したいのです！

四、この愛を私は根気よく追い求め、
熱心にあなたに懇願します。
あなたの愛が私の希望を新たにし、
私の魂で天国の火のように
燃えさかりますように！
朝から晩まで私は心を尽くして
この聖なる宝が私の魂で燃え続けるよう努めます。

五、救い主よ、私をみそばに引き寄せてください。
私は走りより、疲れることがありません。

いつも恵みに満ちた言葉で私を励まし、
私の希望、唯一の望むものであってください。
私をすべてのあやまちと恐怖から解き放ってください。
あなたが近くにおられれば、罪はわたしを害することはできません。

六、いつもあなたの愛が私に道を示してください。
あなたの愛はなんと素晴らしいことをなされたことでしょうか！
私が道を間違わないようにいつも導いてください。
私の仕事に指示を与え、私の思いに霊感を注いでください。
もし私が誘惑に負けることがあれば、すぐにあなたのみ声を聴き、
愛がちかくにあることを知ることができますよう！

七、苦しんでいるとき、あなたの愛が私に平安を与え、
弱っているとき、あなたの愛が力を与えてくれますよう。
そして人生の嵐が静まり、最後の時が訪れるとき、
主イエスよ、私のしもと（Rod）、杖、また導き手となり、
私を無事にみそばに引き寄せてください！

1. Jesus, Thy boundless love to me
No thought can reach, no tongue declare;
Unite my thankful heart with Thee
And reign without a rival there.
To Thee alone, dear Lord, I live;
Myself to Thee, dear Lord, I give.

2. Oh, grant that nothing in my soul
May dwell but Thy pure love alone!
Oh, may Thy love possess me whole,
My Joy, my Treasure, and my Crown!
All coldness from my heart remove;
My ev'ry act, word, thought, be love.

3. O Love, how cheering is Thy ray!
All pain before Thy presence flies;
Care, anguish, sorrow, melt away

Where'er Thy healing beams arise.
O Jesus, nothing may I see,
Nothing desire or seek, but Thee!

4. This love unwearied I pursue
And dauntlessly to Thee aspire.
Oh, may Thy love my hope renew,
Burn in my soul like heav'nly fire!
And day and night be all my care
To guard this sacred treasure there.

5. Oh, draw me, Savior, e'er to Thee;
So shall I run and never tire.
With gracious words still comfort me;
Be Thou my Hope, my sole Desire.
Free me from every guilt and fear;
No sin can harm if Thou art near.

6. Still let Thy love point out my way;
What wondrous things Thy love hath wrought!
Still lead me lest I go astray;
Direct my work, inspire my thought;
And if I fall, soon may I hear
Thy voice and know that love is near!

7. In suffering be Thy love my peace,
In weakness be Thy love my power;
And when the storms of life shall cease,
O Jesus, in that final hour,
Be Thou my Rod and Staff and Guide
And draw me safely to Thy side!

ジョン・ウェスレーの信仰告白としてこの歌を読むと、私たちは深い感動を覚えます。初行の「イエスよ、あなたの私に対する無限の愛は」という表現は私たちを驚かします。私たちはクリスチャンですが、主イエスが私に無限の愛を注いでいてくださると本気で信じていません。ところがゲルハルトとウェスレーは、主イエスが自分に無限の愛を注いでくださっていると信じ切っていました。ウェスレーが一八世紀の英国に信仰復興運動を起こすことができたのは、その信仰があったからです。

ところでゲルハルトが主イエスの愛を賛美した「イエス・キリスト、私の最も美しい光よ」は、ヨハン・アルント（Johann Arndt, 1555-1621）という人が書いた『すべてのキリスト教的徳のパラダイスの小庭』（Paradiesgärtlein）という祈りの本にゲルハルトが霊感をうけて書いたと言われています。この本は一六一二年に出版され、大評判となり、版を重ねました。フィリップ・シュペーナーはこの本を読んで感激して、一六七五年に序文を書き、当時のルター教会が霊的活力を失っており、ルター派諸侯は権力闘争にあけくれている、と批判しました。ところでこの序文は多くの人々の心を打ち、一冊の本として出版され、『敬虔なる願望』と題されました。この本は多くの人々に深い感動を与えました。信仰が形式化し、霊的生命が消えているのではないか、とドイツのルター派の教会の人々は深く反省しました。そのような動きのなかで生まれたのが「ドイツ敬虔主義」です。シュペーナーは「ドイツ敬虔主義の父」と呼ばれています。ゲルハルトの賛美歌は、この運動に大きな影響を与えました。

この章の初めに、ドイツで最も愛されている詩文は、ルターのドイツ語聖書と、グリム童話とゲルハルトの賛美歌である、と述べました。ところで、日本で最も愛されている詩文とはなんでしょうか。大分前のことですが、瀬戸内寂聴が「日本の各家庭に『源氏物語』があることが望ましい」と書いているのを見て、私は心の中で叫びました。「日本の各家庭に聖書があることが望ましい！」と。そして同時に考えました。「そのためには、聖書を一般民衆にやさしく説明する解説本が必要である！」と。そして今考えています。キリスト教のことをゲルハルトの賛美歌のように強力に伝える日本語の賛美歌が必要であると。

現在、日本語訳の賛美歌は、英語またはドイツ語の原詩の持っている迫力を伝えることができません。それゆえ私は賛美歌を解説するとき、必ず原詩とその直訳を紹介します。日本のキリスト教が聖霊に満たされたものとなり、本物の信仰から生まれる賛美歌が日本人によって多く作られることを願っています。

第4章　米国を代表する賛美歌作家　F・クロスビー

――「イエスよ、この身を　ゆかせたまえ」（讃美歌四九五番）

米国の信仰復興とファニー・クロスビー

一九世紀後半の米国に驚くべき信仰復興の動きが起こり、生気を失っていた多くの教会が活性化され、それまで教会とは無縁であった人々がつぎつぎに教会に集い、キリストの救いにあずかるという状況が生まれました。このリバイバルと呼ばれる現象をもたらし、その指導者であったのはドワイト・ムーディー（Dwight L. Moody, 1837-1899）という大伝道者と、彼の専属の独唱者アイラ・サンキー（Ira D. Sankey, 1840-1908）でした。ところで救いの喜びに満ちたキリスト者の礼拝や集会で歌われた新しい賛美歌の多くが、ファニー・クロスビー（Fanny Crosby, 1820-1915）という目の見えない女性賛美歌作詞者によって書かれたものでした。

一八世紀のイギリスで、ジョン・ウェスレーと賛美歌作詞者の弟チャールズによってメソジスト運動と呼ばれた信仰復興が起こったとき、チャールズの魂から溢れてくる多くの賛美歌が人々の心に救いの喜びを伝えたのですが、まさにそれに似た現象がクロスビーが作詞した賛美歌によって米国に起こりました。彼女は八〇〇〇ぐらいの賛美歌の歌詞を書いたのです。賛美歌集を刊行した出版社は、その本の半分、または三分の一が彼女の作であったので、二〇〇ぐらいのペンネームを用意して使ったそうです。ところで、そのような驚くべき女性が目が見えない人であったということを知ると、私たちは彼女がどのような人生を送ったのか、なぜそのような素晴らしい貢献をすることができたかを知りたくなります。

彼女の代表的な賛美歌は、主イエスが架けられた十字架を心から誇りに思うと歌った讃美歌四九五番「イエスよ、この身を　ゆかせたまえ」です。

その第一節で彼女はつぎのように歌っています。

主イエスよ、私を十字架から離さないでください。
そこに貴い泉が湧き、すべての人々を癒す流れがあふれています、
カルバリの丘から。

（折り返し）
十字架こそ、十字架こそ、私がいつも誇りにしているものです。
私の歓喜にみちた魂が、死の川の彼方に安息を見出すまでは。

クロスビーの生い立ち

ファニー・クロスビーについて書かれた本で現在でも最も役に立つのはバーナード・ラッフィン著『ファニー・クロスビー』(Bernard Ruffin, United Church Press, 1976) です。著者のラッフィン氏はイェール大学神学部を卒業した牧師です。

ファニー・クロスビーは、一八二〇年三月二四日ニューヨーク州パトナム郡サウスイーストという村で生まれました。父はジョンで、母はマーシーという名でした。ファニーが生まれてまもない一一月に父は四一歳で病死したのですが、母はまだ二一歳でした。その母にとって気がかりなことは娘の目に異常があるということでした。生まれて六週間たったときに気づき、医者に診てもらったのですが、医者が間違った治療をしたので、ついに彼女は失明するという悲運に見舞われました。ラッフィンはこのように書いているのですが、新しい情報によると、目の病いは生まれつきのもので、医者の誤った治療のせいではなかったそうです。

ファニー・クロスビー

ファニーが五歳ごろになったとき、母はなんとしてでも娘の目を治して欲しいと願い、家政婦をして貯めたお金と友人たちの義援金を使って、ニューヨークのコロンビア大学医学部のバレンタイン・モット博士に娘の目を診察してもらいました。ところが博士は、ファニーの目を治すことは出来ないと母に告げたのです。娘が一生失明したままで生きるのかと思って絶望しているのを見た祖母のユーニースは、彼女に次のように話したのです。

あなたが祈り求めているものを神があなたに与えることを望まれないのなら、祈りが聞かれないというのが、あなたにとって最善なことですよ。

この祖母のコメントは大事ですから英文で紹介します。

If the Lord does not want you to have what you have prayed for, then it is best for you not to have it.

この言葉には、祖母の神にたいする驚くほど深い信頼が表現されています。彼女の神にたいするこのような信頼に接して私が想起するのは、本書第3章で取り上げたドイツの偉大な賛美歌作詞者パウル・ゲルハルトが作詞した讃美歌21五二八番「あなたの道を」です。この賛美歌はどのような苦難のただ中にあっても、神は最善をなさるから、主にすべてを任せなさい、と述べています。

その第三節を私訳で紹介します。

おお父よ、あなたの永遠の真実と恵みは、死すべき人間にとって、何が善であり災いであるかを知り、見たまいます。強き勇士よ、あなたは、あなたが良いと判断されたことを実行したまい、あなたのみ心に適うことを実現されます。

ファニーの祖母がゲルハルトと同じような神にたいする信頼を抱いていたことを知るとき、どれだけ大きな影響を彼女が孫に与えたかが想像できます。この祖母があって、あのようなファニーが育ったのです。

祖母はファニーに聖書を読んであげるとき、彼女はその言葉の深い意味を孫に解き明かしました。その祖母の声の澄んだ美しさを、ファニーは「世界のどのような音楽も、祖母の声の美しさにはかなわなかった」と詩に書いています。

彼女が八歳か九歳のとき、母はコネティカット州のリッジフィールドという村にある家の家政婦となったのですが、その家屋に住むことができず、ある部屋を借りていました。その大家のハウリー夫人（Mrs. Hawley）との出会いは祝福に満ちたものでした。夫人はファニーのなかに秘められていた可能性を見抜き、彼女に一つの課題を与えました。それは、毎週聖書を五章記憶するということでした。

このようにして二年後には、モーセ五書と言われる創世記、出エジプト記、レビ記、民数記、申命記、多くの詩編、箴言、ルツ記や雅歌と、新約の四福音書を暗記したというのです。各書の全部ではなく、大事なところを覚えたのでしょう。それにしても奇跡的な記憶力があって初めてできる技です。耳で聞いたことが脳に深くきざまれるのでしょう。国際的に有名なピアニストの辻井伸行さんの演奏をテレビで見ていていつも驚かされるのですが、ファニーもそのような驚異的な記憶力に恵まれていました。

八歳のときに彼女は次の詩を書きました。

この運命に満足して生きようという決意に。
一つの決意に支えられています。
私は目は見えないのですが、
私はなんと幸せなのでしょうか！

なんと多くの祝福を受けていることでしょうか！
他の人々が知らない恵みを。
失明を嘆き悲しんで生きることは、
私にはできませんし、
したくもありません。

Oh, what a happy child I am,

Although I cannot see!
I am resolved that in this world
Contented I will be!

How many blessings I enjoy
That other people don't!
So weep or sigh because I'm blind,
I cannot—nor I won't.

ところでファニーは学校で学びたいと熱望していましたが、幸い一五歳のときニューヨークの盲学校で学ぶことができました。そこで詩人のトーマス・モア、英国の偉大な詩人テニソンや、賛美歌作詞者のアイザック・ウォッツやチャールズ・ウェスレーの賛美歌などを読んで、彼女の詩人の魂は豊かにされ、次から次へと詩を書くようになりました。

一八四三年に盲学校を卒業し、三年後からそこの教師として文法や歴史を教えていたのですが、三八歳になった一八五八年に同じ職場に勤めていた二七歳のアレクザンダー・ヴァン・アルスタイン（Alexander van Alstyne, Jr., 1831-1902）という優れたオルガニストと結婚することになり、盲学校を辞任しました。翌年彼女は女の子を出産したのですが、生まれてまもなくフランシスと名付けたこの娘が亡くなるという辛い経験をしました。彼女は深い悲しみゆえに、そのことについて人々に話すことが出来なかったそうです。

ジョージ・ルート

ところで一八四四年にジョージ・ルート（George Frederick Root, 1820-95）という青年が盲学校の音楽の教師になりました。彼は讃美歌三三七番「わが生けるは」や四五八番「再び主イエスのくだります日」の曲を書いた人ですが、多くの世俗の曲も書いています。それらの曲の歌詞をファニー・クロスビーに書いてもらってヒットした作品がつぎつぎに世に出たので、彼女は「目の見えない優れた詩人」として有名になりました。彼に世俗の詩を一〇〇〇ぐらい書いたといわれています。

クロスビーの回心――一八五〇年一一月二〇日

ところで一八四九年ごろ彼女は深く悩んでいました。自分は何のために生きているのだろうか、自分が命を注いでするべき仕事は何であるのかと。そのようなときに友人に誘われて出席したのがニューヨークのメソジスト・ブロードウェー・タバナクルという教会でした。そこでは信仰復興が起こっていたのです。彼女は礼拝に出て二度、「恵みの座」と呼ばれる講壇の下の座でひざまずいていたのですが、なんの変化も起こりませんでした。ところが三度目の一一月二〇日にひざまずいていたとき、会衆がアイザック・ウォッツの有名な歌である賛美歌一三八番「ああ主は誰《た》がため世にくだりて」を歌っていました。その第五節の「主よ、自分自身を捧げること、私に出来ることはこれだけです」という言葉が彼女の魂を刺し貫きました。

その時ファニーは感じたのです、「私の魂に天の光が洪水のように満ち溢れた」のを。彼女は「ハレルヤ、ハレルヤ！」と叫んで飛び上がりました。「初めて私は悟りました。それまでの私は片手でこの世にしがみつき、もう一つの手で主にすがっていたのです」。

Suddenly Fanny felt "my very soul was flooded with celestial light." She leaped to her feet, shouting, "Hallelujah! Hallelujah!" "For the first time I realized that I had been trying to hold the world in one hand and the Lord in the other."

ファニーは、この体験を「一一月体験」と呼び、自分の人生の分岐点と考え、自伝に詳しく記しています。しかし彼女が世俗の詩を書くのをやめて賛美歌作詞家になるのは一四年後です。

ところで彼女が片手でこの世にしがみつき、もう片方の手でキリストにすがっていることに気づいたと告白しているのを知って、思い出す人がいます。それは讃美歌四六一番「主われを愛す」の作詞者アンナ・ウォーナー（Anna B. Warner, 1827-1915）です。この歌は一八六〇年に彼女と姉の

アンナ・ウォーナー

スーザンが書いた小説のなかで、日曜学校の教師が重病の少年を抱いて静かに歌う歌として書かれましたが、その八年前にアンナは「私たちは主イエスに会いたい」という賛美歌を彼女の小説に書いています。

そのなかで、彼女はこの世にたいする愛と主イエスにたいする愛に引き裂かれている苦しみを述べています。その第四節を紹介します。

私たちは主イエスに会いたい。しかし長年愛した物に
私たちは執着し、
俗世界は私たちを捕らえて離そうとしない。
あなたを愛しているのに、この世への愛は弱くならない。

アンナと姉のスーザンは小説家として成功していたのです。それで、この世にたいする執着が強かったのです。それと似ていたのがファニーです。彼女も詩人として有名になっていました。

私は『「主われを愛す」ものがたり』（教文館）の第1章で、この姉妹のことを詳しく書いています。また「主われを愛す」の作曲者ウィリアム・ブラッドベリーは、ファニーに賛美歌を書くよう

に勧めた人で、彼のことは後で詳しく述べます。

ムーディーとサンキーについて

ファニーの時代を理解するために、ムーディーとサンキーのことを説明します。ドワイト・ムーディーは歴史に残る大伝道者でしたが、小学校の教育しか受けていない人でした。彼は一八三七年にマサチューセッツ州のノースフィールドという村で石工をしていた父の六番目の子として生まれました。四歳のとき父が事故死をし、その後双子が生まれたので、息子七人、娘二人の大家族の生活を支える母ベッチーの苦労は大変なものでした。しかし彼女は子どもたちが近くのユニテリアン主義の教会の礼拝に出席するよう計らいました。ユニテリアン主義とは父なる神だけを信じて、子なる神、聖霊なる神を信じないので、イエスは救い主ではなく、偉大な教師ということになります。

ドワイト・ムーディー

彼女は本気でこの主義を信じていたのですが、一八七五年に息子の説教を聞いて、やっと自分の信仰が間違っていたことに気づいて、主イエスを救い主として信じるようになりました。

ムーディーは一七歳のとき、ボストンで靴屋を営んでいた叔父のもとで働くようになりました。叔父は、彼が会衆派（日本では組合派と呼ばれている）の教会に出席することを条件に雇ったのです。当時米国ではSunday schoolと呼ばれていた教会付属の学校がありました。日本では日曜学校というと子どもたちが学ぶところですが、米国では大人たちが聖書を日曜に学ぶところでした。

ムーディーが属していたクラスの教師はエドワード・キムボール（Edward Kimball）という三〇歳ぐらいの人で、ある日彼はムーディーが働いていた靴屋に出向き、奥で靴を包んでいる彼に近づき、彼の肩に手を置いて、主イエスが彼を深く愛しておられることを話しました。そのとき奇跡が起こりました。ムーディーは生まれて初めて主イエスに愛されていると信じたのです。これが彼の人生を変えた回心でした。彼はそのときの喜びを次のように述べています。

> 私が回心した朝、私は戸外に出て、大地を明るく照らしている輝く太陽に恋をした。それまでは私は太陽を一度も愛したことがなかった。小鳥が美しくさえずっているのを聞いて、私は小鳥に恋をした。スコットランドの乙女が自分の土地の丘の上で心地よい空気を吸っているとき、どうしてそうするのかと聞かれて、スコットランドの空気が好きだからと答えるだろう。もし教会に愛が満ちていたら、それ以上に素晴らしいことができるだろう。

The morning I was converted, I went outdoors and I fell in love with the bright sunshining over the earth... I never loved the sun before. And when I heard the birds singing their sweet songs, I fell in love with the birds. Like the Scotch lassie who stood on her native land breathing the sweet air, and when asked why she did it, said, "I love the Scotch air." If the church is filled with love, it could do so much more.

回心して自分が変わり、外の世界も前と違って輝いて見える喜びを、このように美しく表現している文章に初めて出会いました。インターネットの The Amazing, True Story Of D. L. Moody (http://www.nowtheendbegins.com/pages/preachers/dwight-moody.htm) というサイトでこの文章に出会ったとき、「ここに彼の魂の秘密があるのだ！」と思いました。その後の彼をつき動かしたのは、この「世界が変わった」という歓喜でした。その日は一八五五年四月二一日で、ボストンのコートー街のその靴屋の跡地には、「ここにあった靴屋でムーディーが回心した」という銅板が取り付けられています。

銅板（ムーディ回心の地）

一九歳になった一八五六年に彼はシカゴに移り、靴のセールスマンとして驚くほど実績をあげたのですが、彼が本気になってしたことは、スラムの少年たちを日曜学校に招くことでした。そして一八六〇年、二三歳のとき仕事をやめて、伝道一筋に生きることを決意しました。

当時彼は月に一〇〇〇ドルを稼いでおり、そのままゆけば資産家になれる可能性があったのですが、月に一五〇ドルしか与えられない伝道者になったのです。

シカゴにイリノイ・ストリート教会を建てて精力的に伝道に邁進していた彼に素晴らしい出会いがありました。一八七〇年にインディアナポリスで行われたＹＭＣＡの総会に出席していた彼は、アイラ・サンキーが新聖歌二三八番「尊《とうと》き泉あり」を歌うのを聞いたのです。

尊き泉あり　そのうちより
インマヌエルの血ぞ　あふれ流る

There is a fountain filled with blood,
Drawn from Immanuel's vein....

賛美歌の曲に鋭く反応する耳を持っていたムーディーは、サンキーの歌声に心を奪われていました。歌がおわり、初対面のサンキーのところに駆けつけたムーディーは、矢継ぎ早にいろいろ家族のことなどを聞いて、彼に言ったのです。「私は八年間あなたのような人を探していたのです！」と。そして現在の仕事をやめてシカゴにきて、自分の伝道の仕事を助けて欲しい、と懇願しました。

サンキーはペンシルベニア州に妻と二人の子どもと住んでおり、州の歳入を扱う役所に勤めていた公務員でした。彼は一八四〇年八月二八日にペンシルベニア州エディンバーグで生まれ、一六歳のとき近くのメソジスト教会で回心しました。おどろくほどの美声で賛美歌を歌うことができる人物として人々に知られるようになっていました。

歌手として奉仕したいと願ってはいましたが、自分の本職をやめて、ムーディーの伝道を助けてくれるように、という突然の申し出に驚いたのです。しかし彼は祈って考え、一八七一年にシカゴに移ってムーディーの専属歌手として奉仕することにしました。ムーディーの伝道が米国だけでなく英国においても驚異的に成功したのは、サンキーが聴く人々の魂に届く歌を歌ったからです。

ファニー・クロスビーがこの二人に出会ったのは一八七六年でした。ところでサンキーは晩年、目の病気を患い、ついに失明しました。その時、彼を慰め励ましたのがファニーでした。

アイラ・サンキー

クロスビー、賛美歌作家となる

ファニーが一八五〇年に回心という経験をしたことを述べましたが、彼女が本格的に賛美歌を書くようになったのは、それから一四年後の一八六四年で、彼女が四四歳のときです。「主われを愛す」の作曲者として紹介したウィリアム・ブラッドベリー（William B. Bradbury, 1816-68）は優れた作曲者で、時代が必要としている新

ウィリアム・ブラッドベリー

しい賛美歌を多く世に送りたい、と願って、人々の心の琴線にふれる歌詞を書いてくれる人を祈り求めていました。その彼にある牧師がファニーを紹介したのです。二人が会ったのは一八六四年二月二日でした。それはまさに祝された出会いで、ブラッドベリーは、祈りが聞かれた、これから彼女に多くの賛美歌の歌詞を書いてもらいたいと思ったのです。彼女も彼の声に込められた真実と情熱に応えるのが自分の使命であると直感しました。ところが彼は病いに罹っており、翌年療養のために南部に移住し、その三年後に天に召されました。

ウィリアム・ドウンとの出会い

ファニーの悲しみは深く、なぜ神は出会ってまもないブラッドベリーを召したもうたのかと悩んでいました。ところが神はもう一人の作曲家との出会いを用意しておいてくださいました。それはウィリアム・ドウン（William H. Doane, 1832-1915）でした。彼は讃美歌四九三番「つみの淵におちいりて」、四九五番「イエスよ、この身を　ゆかせたまえ」や五二四番「イエス君、イエス君、みすくいに」の作曲者です。

二人の出会いを述べるまえに、このドウンという不思議な人物のことを詳しく説明します。彼は一八三二年二月三日にコネティカット州のプレストンという町で生まれました。父親は綿布製造会社の社長でした。父の家族は長老派の教会の会員でしたが、彼は学生のとき、母が属していたバプテスト派の信者となり、終生この派の教会で奉仕しました。

ところで彼は若いときから音楽に特別の関心をもち、バイオリンやフルートを上手に演奏することができたのです。学校を卒業すると父の会社の会計を取り扱う仕事をしていたのですが、木工器具会社に就職しました。二九歳であった一八六一年にオハイオ州シンシナティにあったその会社の社長になりました。彼は木工器具に関するいろいろなことを発明し、七〇件の特許を取ったというのですから驚きます。

三〇歳まで音楽は彼にとって趣味であったのですが、その年に彼は大病をし、死さえ覚悟する状態になりました。その時彼は悟ったのです。この病いは神の鞭であり、神は彼が音楽の才能を神に奉仕するために用いることを求めておられると。病気が快復すると、彼はつぎつぎに三冊の賛美歌集を発行しました。そして彼はブラッドベリーのように、新しい賛美歌の歌詞が欲しい、自分が曲を喜んで書きたいと思う歌詞を誰か書いて欲しいと願い、そのために熱い祈りを捧げていました。

一方ファニーは、一度も会ったことがないドウンに賛美歌の歌詞を書いて送りました。聖霊に促されて書いたものです。その最初の四行を紹介します。

もっとイエスのようになりたい、

私の救い主が私とともに住んでくださるように。
私の魂を平安と愛で満たし、
鳩のように柔和になれますよう。

More like Jesus would I be,
Let my Saviour dwell with me.
Fill my soul with peace and love,
Make me gentle as the dove.

これを読んだドウンは、数日後ニューヨークのファニーの安アパートを訪れて、あまりに貧相な部屋であるのに驚き、またファニーが失明しているのに気づいて、二度びっくりしたそうです。それは一八六八年で、このような出会いで始まった彼らの共同作業は、神の豊かな祝福を受けて四八年続き、ドウンはファニーのために一〇〇〇曲ぐらい作曲したと言われています。

彼は人々を惹きつける不思議な魅力をもっており、このうえなく心が温かい人物でした。会社の社長をしながら、生涯でおよそ二三〇〇もの賛美歌の曲を書いたのです。そのなかでも特筆すべき曲は、ファニーが作詞した四九五番「イエスよ、この身を　ゆかせたまえ」の NEAR THE CROSS です。

讃美歌四九五番「イエスよ、この身を　ゆかせたまえ」（新聖歌三六七番）について

この詩は、四八歳のファニーがドウンに出会った一八六八年に書いた賛美歌です。

一、主イエスよ、私を十字架から離《はな》さないでください。
そこに尊い泉が湧き、すべての人々を癒す流れがあふれています、
カルバリの丘から。

（折り返し）
十字架こそ、十字架こそ、私がいつも誇りにしているものです。
私の歓喜にみちた魂が、死の川の彼方に安息を見出すまでは。

二、十字架のもとで、愛と恵みが、震えている私を見つけ、
輝く明けの明星が私のまわりを照らしてくれました。

三、十字架のもとで！　神の小羊よ、十字架のさまざまな場面を
思い出させてください。
その影のもとで、日々歩むことができますように。

四、十字架のもとで！　私は目覚めて、待ちます。
つねに希望を持ち、信頼して、
死の川の彼方の黄金の岸辺にたどりつく日まで。

1. Jesus, keep me near the cross,
There a precious fountain;
Free to all, a healing stream,
Flows from Calvary's mountain.

(Refrain)
In the cross, in the cross,
Be my glory ever,
Till my raptured soul shall find
Rest beyond the river.

2. Near the cross, a trembling soul,
Love and mercy found me;

367

イエスよ　この身を

［讃 495］

Jesus, keep me near the cross
詞：FANNY J. CROSBY,1820−1915

NEAR THE CROSS
曲：WILLIAM H. DOANE,1832−1915

1　イエスよこの身を　行かせ給え
　愛のしたたる　十字架指《さ》して

（折り返し）
　われは誇《ほこ》らん　ただ十字架を
　天《あま》つ憩《いこ》いに　入る時まで

2　十字架にすがる　弱きわれは
　今ぞ知りぬる　深き恵み

3　十字架の上に　喜びあり
　絶えず御《み》蔭《かげ》に　寄《よ》らせ給え

4　輝《かがや》く国に　昇《のぼ》る日まで
　十字架の許《もと》に　立ちてぞ待たん

天（あま）つ憩（いこ）い＝天国の平安

Iコリント1：18　同2：2　ガラテヤ6：14−15

There the Bright and Morning Star
Sheds its beams around me.

3. Near the cross! O Lamb of God,
Bring its scenes before me;
Help me walk from day to day
With its shadows o'er me.

4. Near the cross! I'll watch and wait,
Hoping, trusting ever;
Till I reach the golden strand,
Just beyond the river.

ドウンは一八七〇年に、この曲を書きました。彼は素晴らしい声を持っていたので、歌いながら作曲したと思います。YouTubeでは女性がこの歌を歌っているものと、合唱しているものを聞くことができます。折り返しの"in the cross, in the cross"と力強く歌うところが印象的です。ファニーとドウンが十字架を心から誇りにしていたことが窺えます。

讃美歌五二四番「イエス君、イエス君、みすくいに」について

ファニーは一八六八年の春、ニューヨークのマンハッタンにあった刑務所に講演にゆきました。彼女は、どうにかしてそこにいる人々に主イエスの愛を伝えたいと願い、熱い祈りを捧げていました。ところが彼女が話しているとき、一人の男性が立ち上がって叫んだのです。「主よ、私のそばを通り過ぎないでください！(Good Lord, Do not pass me by!)」この悲鳴とも聞こえた叫びに心を打たれたファニーは、帰宅するや、その言葉を用いた賛美歌を書きました。それが讃美歌五二四番の「イエス君、イエス君、みすくいに」です。

一、通り過ぎないでください、ああ優しい救い主よ。
私の叫びを聞いてください。
あなたがほかの人々に笑顔を見せられるとき、
私を通り過ぎないでください。

(折り返し)
救い主よ、救い主よ、
私の叫びを聞いてください、
あなたがほかの人々を呼ばれるとき、

私を通り過ぎないでください。

二、あなたの恵みの座で
うれしい救いを与えてください。
深い悔い改めの思いをもって、そこに跪《ひざまず》きます。
私の不信仰をお赦しください。

三、あなたの御功績だけにより頼んで、
私はあなたのみ顔を拝したいのです。
私の傷ついた心を癒し、
あなたのお恵みによって私を救ってください。

四、あなたは私のすべての慰めの源《みなもと》であり、
私にとって命以上のものです。
地上においてあなた以外の誰を私は持っているでしょうか、
天においても、あなた以外の誰を持っているでしょうか。

1. Pass me not, O gentle Saviour,
Hear my humble cry;
While on others Thou art smiling,
Do not pass me by.

(Refrain)
Saviour, Saviour,
Hear my humble cry,
While on others Thou art calling,
Do not pass me by.

2. Let me at Thy throne of mercy
Find a sweet relief;
Kneeling there in deep contrition,
Help my unbelief.

3. Trusting only in Thy merit,

Would I seek Thy face;
Heal my wounded, broken spirit,
Save me by Thy grace.

4. Thou the Spring of all my comfort,
More than life to me,
Whom on earth have I beside Thee,
Whom in heaven but Thee?

この歌詞を受け取ったドウンは、これにPASS ME NOTという曲を書きました。歌うと心が躍るような曲です。この賛美歌はマンハッタンの刑務所に贈られ、そこの多くの人々が喜んで歌ったのです。

讃美歌五二九番「ああうれし、わが身も」について

讃美歌五二九番「ああうれし、わが身も」、英語版 Blessed Assurance, Jesus Is Mine は、ファニーの代表作であるとともに、世界で最も愛されている賛美歌の一つです。ところで、この歌がどのような経緯で作られたかを知ると、私たちは、神の不思議なお導きがあったことに気付きます。

彼女が五三歳であった一八七三年のある日曜日の礼拝で、牧師が新約聖書ヘブライ人への手紙一〇章二二節の「信頼しきって、真心から神に近づこうではありませんか」について説教するのを聞きました。当時の英語の聖書では、「信仰の確信に満たされている真心をもって」(with a true heart in full assurance of faith)となっていました。彼女は、この“assurance”「確信」という言葉に深く感動しました。assureという動詞は、人に「これはたしかに正しいことである」と断言して、相手を安心させることを意味します。彼女は牧師の説教の一字一句に深い関心をもって説教を聞いていました。そして感動する言葉に出会うと、その言葉について、いろいろな思いをめぐらしていました。

そのような彼女はある日、フィービ・ナップ(Phoebe Knapp, 1839-1908)という友人を訪れました。当時ファニーはニューヨーク市のジョン・ストリート・メソジスト監督教会の会員で、ナップ夫人もその教会に出席していたので、親しい間柄でした。ナップ夫人は、作曲家で、五〇〇ほどの賛美歌の曲を書いたそうで、その点でも気が合う友人でした。

ところでナップ夫人は、ジョーゼフ・ナップという有能な実業家の妻でした。夫は友人と一緒にメトロポリタンライフ生命保険会社(MetLife)を作り、二代目の社長になりました。会社の経営がうまくいかなかった時、彼は創意工夫をして会社を盛り立てたので、この会社は現在も続く全米一の生命保険会社になったのです。

この夫妻はニューヨーク市のホテルに居住しており、パイプオルガンを設置したのですが、ファニーが訪れたときは、まだ工事中でした。ナップ夫人は、ピアノを用いて、出来たばかりの曲を弾いて、ファニーに尋ねました。「この曲を聞いて、どんな言葉が浮かびますか?」と。すると即座にファニーは答えました。"Blessed assurance, Jesus is mine"と。このようにして生まれたのが、この賛美歌です。原歌と私訳を紹介します。

一、祝された確信よ、主イエスはわがもの、
聖なる栄光を先取りすることが出来るとは!
救いを受け継ぎ、神に買われたもの!
聖霊によって生まれ、主の血潮によって洗われたもの。

(折り返し)
これこそ私の物語、これこそ私の歌。
一日中、主を賛美しよう。
これこそ私の物語、これこそ私のうた。
一日中、主を賛美しよう。

二、完全に主に従い、完全な喜びを得る。

歓喜を与えるヴィジョンが目の前に広がる。
天使たちが下ってきて、
主の憐れみを響かせ、愛をささやいてくれる。

三、完全に主に従うとき、すべて安らかである。
私は救い主に抱かれて、幸せであり、祝されている。
天を仰いで、眼をさまして待ち、
主の恵みに満たされ、主の愛におぼれる。

1. Blessed assurance, Jesus is mine！
O what a foretaste of glory divine！
Heir of salvation, purchase of God,
Born of His Spirit, washed in His blood.

(Refrain)
This is my story, this is my song,
Praising my Savior all the day long;

This is my story, this is my song,
Praising my Savior all the day long.

2. Perfect submission, perfect delight,
Visions of rapture now burst on my sight;
Angels descending bring from above
Echoes of mercy, whispers of love.

3. Perfect submission, all is at rest,
I in my Savior am happy and blest,
Watching and waiting, looking above,
Filled with His goodness, lost in His love.

このようにみてきますと、ナップ夫人は、ファニーと同じように霊的に深い信仰を持っていたようです。この歌を英語で歌ってみてください。“This is my story, this is my song”という言葉が、心に迫ってきます。「これは私の生き方そのもの、私の心から湧き出る歌です」。ナップ夫人の霊的に深い響きを持つ曲が、ファニーの魂に訴えかけて、彼女の本音《ほんね》を引き出したのです。

それでは、ナップ夫人は、なぜこのように魂に訴える曲を書くことができたのでしょうか。この謎を解くために、彼女の優れた母親のことを調べてみましょう。

ナップ夫人の母フィービ・パルマー夫人について

フィービ・パルマー（Phoebe Palmer, 1807-72）は、ニューヨーク市の信仰が篤い家庭の四番目の娘として生まれました。若い時にメソジスト教会で回心を経験し、一九歳で、これも熱心な信徒であるオルター・パルマーの妻になりました。二人の子どもが生まれたのですが、第一子は生後九か月で、第二子も生後七か月で亡くなるという悲惨な経験をしました。

ところで、彼女の夫の医師としての仕事は成功し、経済的にも豊かになっていくにつれて、この世的な方に引き込まれる誘惑を感じたとき、「これではいけない。主イエスに従う清さ――ホーリネスを求めて生きるべきだ」と悟り、メソジスト教会を中心に「ホーリネス運動」と呼ばれる運動を夫とともに始め、各地に出向いて伝道をしました。

フィービ・パルマー

そのような彼女に、また恐ろしい悲劇が起こったのです。生まれて一一か月の第四子の娘が事故で急死したのです。普通の母親であれば、クリスチャンでも神を呪いたくなるような状況にあったとき、彼女は祈って御心を探りました。

そして決意したのです。「この娘が生きていれば、彼女のために使ったはずの時間を、私は、多くの人々を主イエスに導き、彼らの魂が救われるようにするために使おう」と。そこで彼女は、自分が出席していたアレン・ストリート教会で若い女性のための聖書研究会を開きました。はじめは五〇名ほどでしたが、次々に出席者がふえて、大きな部屋を使うようになりました。

彼女には、成人となった三人の子どもがおり、その一人がナップ夫人のフィービ・ナップです。「この母ありて、この子あり」ということが出来るでしょう。

ファニー・クロスビーは現在では賛美歌作家として知られていますが、彼女が本当に願ったことは、福音を百万人の人々に伝えて、彼らを主イエスの救いに導くことでした。七〇歳のとき、宣教師となって伝道したい、と本気で願ったのですが、それは不可能でした。しかし一九一五年に九五歳で天国に召されるまで、その賛美歌を通して、多くの人々を主イエスに導くことが出来ました。

第5章　R・ローリとキリストのよみがえり
――「み墓ふかく」(讃美歌第二編一九〇番)

「復活」に驚嘆した二人の牧師

加藤常昭先生と私が編纂した『愛と自由のことば――一日一章』(日本キリスト教団出版局、一九七二年、二〇一〇年一三版)の四月二四日に「復活に生きる」という記事があります。加藤先生が選ばれたもので、それを初めて読んだときの衝撃を忘れることができません。J・S・ステュワート(James Stuart Stewart, 1896-1990)というスコットランドのエディンバラ大学の新約聖書学者で、二〇世紀で最も優れた説教家と言われている人が書いた文章です。

ロバート・W. デール

イギリスで有名であった会衆派牧師ロバート・W・デール(Robert W. Dale, 1829-95)が、教会員のために復活節の説教を書いていたとき、「このおよそ信じ得ざる事実の持つ現実性が、かつてなかった烈しさで彼を襲った」のです。

「キリストは生きておられる！　生きておられる！　わたし自身が今生きているのと同じように本当に生きておられる！　教会員にこのことを知らせなくてはいけない」。

このようなデール牧師の体験を語ったステュワートは、次のように私たちに訴えます。

復活の真理があなたを打ち、その焼きつくす炎をもって、あなたの魂と霊をつらぬくように祈るがよい。そうすれば他の人々をも、その中途半端な無気力から、情熱的な確信のもたらす活力へと導いてあげることができるようになる。

デール牧師は日本でほとんど知られていない人なので調べてみましたら、ロンドンで生まれ、バーミンガムという工業都市のスプリング・ヒル大学を卒業し、その町の会衆派教会の牧師として終生奉仕した人であることが分かりました。彼は信念と情熱に満ちており、英国国教会のように教会が国家権力と結びつくことは大きな誤りであると述べました。またバーミンガムのような工業都市にあるさまざまな社会問題と取り組みました。米国のイェール大学が彼に神学博士（ＤＤ）を贈りましたが、この世的な名誉に関心がなかった彼は、その称号を全く使わなかったそうです。

ところで、このデールと同じように、「復活節の真理が、今だかつてないほどの烈しさで襲ってくる」という体験から生まれたのが、米国の有名な賛美歌作詞者・作曲者ロバート・ローリ

(Robert Lowry, 1826-99)の「み墓ふかく」(讃美歌二編一九〇番)です。

ローリの生涯

ロバート・ローリは、フィラデルフィア市で生まれ、一七歳のとき回心をし、神に仕えて生きる決意をしました。その後、名門であるバックネル大学で神学を学び、優秀な成績で卒業してバプテスト教会の牧師となりました。ニューヨークのブルックリン地区の牧師をしていた一八六一年から一八六九年の間に、多くの賛美歌の作詞と作曲に励んでいました。一八六九年に母校のバックネル大学の修辞学の教授となり学長まで務めましたが、再び牧師にもどり、ニュージャージー州のプレインフィールドで牧師として生涯をまっとうしました。

彼の有名な賛美歌は、五二五番「めぐみふかき　主のほか」や新聖歌四七五番「まもなくかなたの」などですが、それらについて私は『「主われを愛す」ものがたり』(教文館)に詳しく書いています。

ロバート・ローリ

讃美歌第二編一九〇番「み墓ふかく」(新聖歌一二七番)復活の歌

この素晴らしいイースターの歌は、一八七四年、彼がバックネル大学で教えて五年目の春のある晩、祈りの時間を持っていたときに、ルカによる福音書二四章六節から八節の言葉に心を打たれて書いたものです。

あの方はここにはおられない。復活なさったのだ。まだガリラヤにおられたころ、お話になったことを思い出しなさい。人の子は必ず、罪人の手に渡され、十字架につけられ、三日目に復活することになっている、と言われたではないか。

ローリは、「主イエスは、ほんとうに、ほんとうに墓から復活されたのだ！　ほんとうに、今も生きておられるのだ！」と感動して、この歌の歌詞と曲を書いたそうです。「ほんとうに」を三回繰り返しています。そしてデール牧師と同じく「ほんとうに今も生きておられるのだ！」と思ったのです。

この賛美歌を初めて歌ったときに感じた驚きを、今でもはっきり覚えています。主イエスが墓のなかでよみがえりを待っておられるという第一節は静かに歌い、折り返しになると、復活の喜びが爆発するように歌うからです。讃美歌第二編一九〇番の楽譜を見ると、最初の一段が第一節で、折り返しは三段です。これを書いたローリが「主イエスがよみがえられ、今もほんとうに生きておられる！　生きておられる！　なんという大きな喜びか！」と感動しながら歌詞と曲を書いた様子が目に浮かぶようです。デール牧師がこのローリの賛美歌「み墓ふかく」に出会ったら、きっと叫ぶでしょう。「私の感動をよくぞこのように歌ってくれた！」と。

新聖歌一二七番「墓のなかに」は、同じ歌を中田羽後が次のように力強く訳しています。

一、墓の中に　いと低く
葬られたり　ああわが主

（折り返し）
陰府《よみ》より帰り　死と悪魔に勝ちし
君こそ勝利の主なれ　君こそ真《まこと》の主なれ
ほめよイエスを　われらの神を

二、番《ばん》し続けし　兵の努力
空《むな》しかりき　ああわが主

三、封印固き　門破《かどやぶ》り
出《い》で給えり　ああわが主

1　墓《はか》の中に　いと低く

葬《ほうむ》られたり　ああわが主

（折り返し）

陰府《よみ》より帰り　死と悪魔《あくま》に勝ちし

君こそ勝利の主なれ　君こそ真《まこと》の主なれ

ほめよイエスを　われらの神を

2　番《ばん》し続けし　兵の努力《どりょく》

空《むな》しかりき　ああわが主

3　封印《ふういん》 固《かた》き　門破《かどやぶ》り

出《い》で給えり　ああわが主

マタイ28：1−10　ルカ24：6
コロサイ3：1−4

127 墓《はか》の中に

［聖 172］

Low in the grave He lay
詞：ROBERT LOWRY,1826−1899 (UN)

CHRIST AROSE
曲：ROBERT LOWRY,1826−1899

この歌の折り返しでは、復活の喜びが爆発しています。「主はその敵に圧倒的に勝利したまう」と歌っています。原文で紹介します。

Low in the Grave He Lay

1. Low in the grave He lay, Jesus my Savior!
Waiting the coming day, Jesus my Lord!

(Refrain)
Up from the grave He arose,
With a mighty triumph o'er His foes;
He arose a Victor from the dark domain,
And He lives forever, with His saints to reign.
He arose! He arose! Hallelujah! Christ arose!

2. Vainly they watch His bed, Jesus my Savior,
Vainly they steal the dead, Jesus my Lord!

3.　Death cannot keep its prey, Jesus my Savior!
He tore the bars away, Jesus my Lord!

私訳を紹介します。

一、み墓深く主は葬られた、わが救い主イエスよ！
きたるべき日を待ちつつ、わが主イエスよ！

（折り返し）
み墓より主は蘇られた、
彼の敵に打ち勝たれて。
主は暗黒の世界から勝利者として蘇り、
主は永遠に活きて、その聖者たちを支配したもう。
主は蘇られた、蘇られた！　ハレルヤ！
キリストは蘇られた！

二、番兵たちが主の寝床を見張っていたが、無駄であった、主イエス、救い主よ！

彼らがご遺体を盗もうとしたが、無駄であった、主イエスよ！

三、死はそのえじきを留めることはできない、わが救い主イエスよ！
主は戸のかんぬきを壊された、わが主イエスよ。

この賛美歌には、復活にたいする驚きが表現されています。ローリ牧師が心の底から復活の主に圧倒されていたからです。

讃美歌六三番と新聖歌一五四番の曲について

讃美歌六三番「いざやともよ　いさみすすめ」という歌はアイザック・ウォッツの作詞によるもので、一七〇七年の彼の賛美歌集に収録されており、『地上における天上の喜び』という題がついていました。それに配されている曲は、英国人のアーロン・ウィリアムズのST. THOMASという曲でした。これを歌ってみると、地上に生きていながら、大きな喜びを感じるという歌詞に曲が合わないのを私たちは感じます。そのような違和感を痛切に感じたのがローリでした。それで彼はMARCHING TO ZIONという曲を書きました。それが新聖歌一五四番「来《きた》れ友よ　共にイエスの」です。歌詞の邦訳は中田羽後によるものです。第一節を紹介します。

来れ友よ、共にイエスの
御座《みくら》の周《まわ》りを　楽しき声もて
歌い巡《めぐ》らん　巡り歌わん

（折り返し）
歌い進まん　天《あま》つ家《や》を指して
いざ歌い進まん　シオンの都へ

この歌の原詩は次のようになっています。

1. Come, we that love the Lord,
   And let our joys be known;
   Join in a song with sweet accord,
   And thus surround the throne.

2. Let those refuse to sing
   Who never knew our God;

But children of the heavenly King
May speak their joys abroad.

3. The hill of Zion yields
A thousand sacred sweets
Before we reach the heavenly fields,
Or walk the golden streets.

4. Then let our songs abound,
And every tear be dry;
We are marching through Emmanuel's ground,
To fairer worlds on high.

この歌の私訳です。

一、私たち主を愛する者は
集まって、私たちの喜びを伝えましょう。

心を一つにして共に歌い、
主の御座をとりかこみましょう。

二、私たちの神を知らない者たちは
賛美の歌を歌わなくてもよい。
しかし天の王の子供たちは
彼らの喜びを広く語り伝えましょう。

三、シオンの都は多くの、清い幸せを
私たちにもたらしてくれます。
私たちが天国に行き
黄金の道を歩む前に。

四、それゆえ賛美の歌を広めれば
皆の涙は乾くでしょう。
私たちはインマヌエル（神が共におられる）の土地から、
天のもっと麗しい世界へと進んでいるのです。

ウォッツが書いた賛美歌のなかで、神を信じる者が感じる大きな歓喜をこれほど強烈に表現しているものは少ないのです。それゆえ、ローリがST. THOMASの曲に不満足で、MARCHING TO ZIONの曲を書いてくれたことを、私たちは心から感謝したいと思います。ローリの心には、主イエスが与えてくださる大きな喜びがあふれていたので、ウォッツの歌詞を活かす曲を書くことができたのです。

讃美歌五三〇番「うき世の嘆きも」について

讃美歌五三〇番「うき世の嘆きも　心にとめじ」という歌は、現在教会であまり歌われていないので、私はこの歌にまったく関心がなかったのですが、ローリが作曲している歌ですので、調べてみて驚きました。現在アイルランドの歌手として有名なエンヤ（Enya）がこの賛美歌を愛して歌っており、YouTubeでそれを聞くことができるのです。

この賛美歌はローリが一八六九年に*Bright Jewels for the Sunday School*という本に発表したもので、曲が自分のものであることは書かれていたのですが、作詞者が誰であるか言及していなかったのです。日本キリスト教団出版局の『讃美歌略解』は、ジュリアンという賛美歌学者が、ローリが作詞者であると述べている、と伝えています。

ところでこの歌の原詩と日本語訳は大変違っていますので、原詩と直訳を紹介します。

一、私の人生は、地上の悲嘆すべき状態にもかかわらず、
絶え間のない賛美の歌で満ちています。
遠くから美しい賛美歌が聞こえます、
新しく創造されたものを歓迎する歌が。
騒乱と紛争のただ中で
音楽が聞こえ、
その音は私の魂にこだまします。
どうして歌わずにおられましょうか？

二、私の喜びや慰めが死んだとしても、心配することはありません。
私の救い主である主は生きておられます。
闇が迫ってきても、心配することはありません。
主は賛美の歌を夜与えてくださいます。
いかなる嵐も私の心の平安を乱すことはできません、
主という逃れ場に私がしがみついている時には。
キリストは天と地の主ですから、
どうして歌わずにおられましょうか？

三、私が上を見上げると、雲が薄くなっており、
青空が見えます。
一日一日と私が進む道は、おだやかになっています、
私がその道を愛した日から。
キリストの平和が私の心を生きかえらせ、
いつも水が湧く泉としてくださいます。
私は主のものですから、すべてのものは私のものです。
どうして歌わずにおられましょうか？

1. My life flows on in endless song;
Above earth's lamentaion,
I hear the sweet, tho' far-off, hymn
That hails a new creation;
Thro' all the tumult and the strife
I hear the music ringing;
It finds an echo in my soul....
How can I keep from singing?

My life flows on in endless song
Anonymous

ENDLESS SONG
Robert Lowry, 1869

サム下 22：50　詩篇 71：6

1
うき世の嘆《なげ》きも　心にとめじ、
常《とこ》世《よ》のたのしみ　身にこそ満つれ。
み空《そら》にきこゆる　たえなる歌に、
あわせて我らも　いざほめ歌《うた》わん。

2
うき世の栄《さか》えは　消えなばきえね、
まことの栄えは　主にこそあれや。
闇《やみ》夜《よ》にあうとも　主ともにまして、
み歌をたまえば　いざほめ歌わん。

3
み空をあおげば　うき世の雲は
日に日に消えゆき　霧《きり》はた晴《は》れぬ。
行《ゆく》手《て》にかがやく　とこ世のひかり
みとめし我らは　いざほめ歌わん。

[550]

2. What tho' my joys and comforts die?
The Lord my Saviour liveth;
What tho' the darkness gather round?
Songs in the night he giveth;
No storm can shake my inmost calm,
While to that refuge clinging;
Since Christ is Lord of heaven and earth,
How can I keep from singing?

3. I lift my eyes, the cloud grows thin;
I see the blue above it;
And day by day this path way smooths,
Since first I learned to love it;
The peace of Christ makes fresh my heart,
A fountain ever springing;
All things are mine since I am his....
How can I keep from singing?

この歌は二〇世紀の教会ではあまり歌われなかったのですが、二〇〇〇年に出版された合同メソジスト教会の讃美歌増補版である *The Faith We Sing* に収録され、歌詞と曲をローリが書いたと述べています。

米国の「赤狩り」の時代と、ローリの歌

第二次世界大戦後の一九四八年ごろから一九五〇年前半にかけて、米国で「赤狩り」と呼ばれる動きがありました。それは共産党員とその支持者たちを非米活動委員会が告発したことで、その指導者はジョセフ・マッカシー上院議員でした。政府や米軍関係者だけでなく、ハリウッドの映画関係者や作家たちにまで捜査の手が伸びました。チャップリンも嫌疑をかけられて国外追放となり、帰国できなかったのです。

そのような時代に生きていた左翼派の文化人たちは、いつ自分たちに捜査の手が伸びるかという不安にさいなまれていました。その一人がドリス・プレン（Doris Plenn）という女性でした。彼女は祖母からローリのこの歌を教えられて、自分たちに敵対している勢力を恐れてならない、と考えて次のような詩句を書いたのです。

暴君たちが恐怖にかられて震え、
彼らの死を弔《とむら》う鐘の音を聞くとき、

近くや遠くにいる味方の友人たちが喜ぶとき、
　どうして歌わずにいられますか？

牢獄の独房や不潔な地下牢に囚われている人のところに、
　私たちの思いは飛んでいくのです。
その友人たちは、まったく無実なのです。
　どうして歌わずにいられますか？

When tyrants tremble, sick with fear,
　And hear their death-knell ringing,
When friends rejoice both far and near,
　How can I keep from singing?

In prison cell and dungeon vile,
　Our thoughts to them go winging;
When friends by shame are undefiled,
　How can I keep from singing?

この詩句とローリが作った賛美歌に感動したのがドリス・プレンの友人のピート・シーガー(Pete Seeger, 1919-2014)でした。「うき世の嘆きも」は、英米では "How can I keep from singing?" という題名で知られています。

シーガーは「アメリカのフォークソングの父」と言われている素晴らしい歌手であるとともに、多くの優れたフォークソングを書き、当時の社会の様々な問題を歌に取り上げていました。彼はかつて共産党員であったのですが、一九四九年に党に幻滅して離党しました。

ところが一九五五年に非米活動委員会に召喚され、一年の刑を宣告されたのですが、実際の刑は免れることができました。そのような苦難の時に、彼はドリス・プレンからローリの歌「How can I keep from singing?」を教えてもらい、大変勇気づけられました。シーガーはこのローリの歌にドリス・プレンが書いた詩句を入れて、心を込めて歌いました。

ところが彼は福音的なキリスト教徒でなかったので、この歌の大事な箇所を書き換えました。"What tho' my joys and comforts die? The Lord my Saviour liveth" を "While though the tempest loudly roars, I hear the truth it liveth." としたのです。「私の喜びや慰めが死んだとしても、心配することはありません。私の救い主である主は、生きておられます」が「私のまわりで嵐が荒れ狂ったとしても、心配することはありません。真理は生きているということが私に聞こえます」となっています。

エンヤは一九九一年にリリースした *Shepherd Moons* というアルバムに、このローリの歌を録音したとき、ピート・シーガー版を用いていますので、ローリが本当に伝えたかったこと「救い主は生きておられます」は歌われていません。とても残念なことです。

ところで一八六九年に発表されたこの賛美歌は、英語で読むとき、私たちの心の琴線に触れます。この歌を新しい日本語訳で歌いたいので、是非新しく訳して欲しいと切望しています。

「花はどこへ行った」について

ピート・シーガーが「非米活動委員会」に喚問されたことはすでに述べました。その一九五五年に彼は深い苦悩を感じていました。「アメリカンフォークの父」とも言われ、フォークによって社会の様々な問題に多くの人々の関心を向けさせていた彼は、音楽活動を禁止されていたのです。その時に彼が作詞・作曲したのが日本でも反戦歌として有名な「花はどこに行った」です。

彼は三節書き、忘れていたところ、友人のジョー・ヒッカーソン（Joe Hickerson, 1935-　）が四、五節を書き加えて一九六一年に著作権を登録しました。シーガーは反戦歌のつもりで書いたのではなかったのですが、加筆された箇所によって、人間を殺す戦争に反対する歌と受け取られてきたのです。一九六〇年から始まったベトナム戦争における様々な悲惨な状況が米国に伝えられ、反戦活動が強くなったとき、この歌は静かに人々に戦争の非人間性を訴えたのです。

原詩と私訳で第一節を紹介します。

Where have all the flowers gone?
Long time passing.
Where have all the flowers gone?
Long time ago.
Where have all the flowers gone?
The girls have picked them ev'ry one.
Oh, when will you ever learn?
Oh, when will you ever learn?

花はみんなどこへ行ったのでしょうか？
大分前に。
花はみんなどこへ行ったのでしょうか？
大分前に。
花はみんなどこへ行ったのでしょうか？
娘たちが全部摘んでしまったのです。
いつになったらあなたがたは（出来事の真相を）悟るのでしょうか。
いつになったらあなたがたは（出来事の真相を）悟るのでしょうか。

二節では、「若い娘たちはみんなどこへ行ったか、彼女たちはみんな男たちのところに嫁に行った」、三節は「若者たちはみんなどこへ行ったか、彼らはみんな兵士になった」、四節は「兵士たちはみんなどこに行ったか、彼らはみんな死んで、墓にはいった」、五節は「すべての墓はどうなったか、花に覆われた」と歌い、最初の一節に戻ります。

この歌は二〇〇〇年一二月五日にＮＨＫの「世紀を刻んだ歌」シリーズという番組で取り上げられたのですが、大変好評で、二〇〇三年四月六日に再放送されました。「花はどこへ行った～静かなる祈りの反戦歌」という番組名でした。アメリカがイラクを攻撃している時でしたので、視聴者に深い感動を与えたことでしょう。ネットで「花はどこへ行った～静かなる祈りの反戦歌」を検索すると、この歌について情報を得ることができます。

ローリの賛美歌の霊的エネルギー

賛美歌「うき世の嘆きも」"How can I keep from singing?"が、現在世界的に有名な歌手ピート・シーガーやエンヤによって歌われた、ということはなんと驚くべきことでしょうか。このような事実は、ローリが作った賛美歌に霊的エネルギーがあることを証明しています。

日本でもローリの復活の賛美歌「み墓ふかく」を、有名な医者であられる日野原重明先生は、先生が企画されたミュージカル「葉っぱのフレディ」のクライマックスで皆が歌うように指示されました。二〇〇三年の『キリスト新聞』イースター号のために、私は先生と対談をさせていただきました。その時、私は先生に申し上げました。「この歌の折り返しでは、復活の喜びが爆発していますね。『主はその敵に圧倒的に勝利したもう』という言葉が原文にあります」と。残念ながら私はそのミュージカルを見ていませんが、多くある賛美歌のなかで先生が「み墓ふかく」を用いてくださり、とても嬉しく思いました。

第6章　テゼ共同体の賛美歌
――「主はよみがえられた」（讃美歌21三三一番）

テゼ共同体について

讃美歌21にテゼ共同体の賛美歌が一五編収録されているのは大変うれしいことです。復活の歌である三三一番「主はよみがえられた」と、心にせまる美しい歌である一一二番「イエスよ、みくにに」は新しい歌ですので、是非讃美歌21のＣＤ「十字架と復活」（日本キリスト教団出版局）を手にいれて、それを聞きながらこの本を読んでいただきたいと思います。

この共同体の創立者であるブラザー・ロジェ（Brother Roger, 1915-2005）はスイス人で、父はプロテスタントの牧師、母はフランスのブルゴーニュ地方の出身でプロテスタントの信者でした。ブラザー・ロジェは二五歳のころから教派を超えた新しい修道共同体をつくりたいという願いをもっていました。そのための場所を探し、フランスのブルゴーニュ地方のちいさな村テゼに古い家を買いました。一九四〇年にナチスの迫害を逃れてきたユダヤ人をかくまったことで、ナチスに逮捕される危険があり、テゼから逃げましたが、一九四四年にテゼに戻り、一九四九年のイースターに七名のブラザーとテゼ共同体を正式に開始しました。

私は一九七三年に、勤めていた恵泉女学園短期大学から七月から一〇月までの三か月研修旅行にヨーロッパに行くことを許されました。東北大学一年生の甥の大島力さん（現在青山学院大学教授で、旧約学者）が旅の途中まで同行することになりました。キリスト教の雑誌でテゼのことを知り、是非訪れてみたいと思い、お便りをしましたら、行き方を詳しく教えてくださるご返事をブラザー・アンソニーからいただきました。

そこに行って驚いたのは、数百人の青年が世界中から集まって、テントで泊まり、一日三回の礼拝に参加していたことです。フランス語のメッセージを一人のブラザーが英語やドイツ語に訳してくれました。テゼの賛美歌を歌うとき、指導してくれたブラザーは、世界の一流の声楽家ではないか、と思われる素晴らしい歌い手でした。広い礼拝堂に若者たちの力強い歌声が響きわたりました。

ブラザー・ロジェ

参加者は小グループに分かれて、それぞれの問題を語りあいました。テゼの信条は「政治的、宗教的にいかなる違いがあろうとも、キリストにおいて一致をつらぬく」です。和解と寛容が旗印です。新教と旧教、白人と黒人、資本家と労働者の間にある深い溝をどうすればのりこえることが出来るかについて話しあうのです。一九六〇年代に日本は大学紛争の嵐がふきまくり、学生と大学との対立によって教育界は荒れに荒れていました。また、一九五九年から一九六〇年と、一九七〇年に反政府、反米運動であった安保闘争がありました。それで私は「キリストによって一致を貫く」というテゼの姿勢に深く感動しました。

ブラザー・アンソニーと「喜び（joy）」

私にお返事をくださったブラザー・アンソニーにお目にかかることができました。彼は礼拝でフランス語を英語とドイツ語に通訳している人で、三〇歳ぐらいのイギリス人です。「ブラザーになって一番大きな収穫は？」と伺うと、「それは喜び（joy）です」という答えがかえってきました。「テゼではお互いが心を開いて真実を話すことができるのです。ありのままの自分を受け入れてくれるので、自己嫌悪から救われるのです。他の人が自分より優れているのを見ると、それを喜ぶことができるんです。お互いに違っていることはよいことですよ」と言われました。

このブラザーは英語、フランス語とドイツ語を流暢に話すことができる大変な秀才ですが、テゼに来られる前は、自己嫌悪で苦しまれたようです。他の人が自分より優れているのを見ると、とても辛い思いをされたのでしょう。ところが愛の共同体であるテゼのブラザーになって、その苦しみから解放され、ありのままの自分であることに本当の喜びを感じておられるのです。なんと素晴らしいことでしょうか！　この話を伺ったのは四三年前ですが、今でもブラザー・アンソニーのお声が聞こえるようです。

ところで、Brother Anthony of Taize とネットで検索したところ、嬉しいことに彼のことを詳し

く教えてくれる記事に出会いました。彼は一九四二年生まれのイギリス人です。一九七三年にお目にかかった時は三一歳でした。オックスフォード大学を卒業し、一九六九年にテゼのブラザーになられました。その数年後にフィリピンのスラムで働いておられたのですが、一九八〇年に韓国に移住されました。ソウル大司教の金寿煥《キム・スファン》枢機卿（Kim Suhwan, 1922-2009）が彼の優れた人柄を知っておられて、韓国で働いてほしいと懇願されたからです。ブラザー・アンソニーはその熱意に感激し、ソウルの西江《ソガン》（Sogang）大学校で定年までの三〇年英文学を教えたのですが、持ち前の語学力をいかして韓国語をマスターし、韓国語の詩を翻訳して三〇冊の詩集を刊行されました。また韓国文学の訳と解説する本を多数書かれました。一九九四年に韓国に帰化し、アン・ソンジェ（An Sonjae, 안선재）という韓国名を名乗っておられます。韓国の文学を世界に紹介するという偉業をなしとげて、五種類の賞を授与されました。日本のドナルド・キーン氏（Donald Keene, 1922- ）の韓国版といってもいいでしょう。

ドナルド・キーン氏は米国のコロンビア大学名誉教授で、長年日本に滞在され、日本文学の多くの名作を英語に訳し、日本文学と日本文化を世界に紹介する多くの著書を書かれました。二〇〇八年に文化勲章を授与され、二〇一二年に日本国籍を取得されました。

ブラザー・ロジェについて

創立者のブラザー・ロジェとお話したいと願った私は、列に並んで順番を待ちました。そして

「是非日本にお出でください。日本は先生のような方のお話を伺う必要があります」と申しあげましたら、「日本は月のように遠いですね（Japan is as far as the moon.）」と言われました。当時このテゼにいた日本人は、私と、甥の大島力さんだけでしたが、一九七八年に三人のブラザーが日本に来られ、埼玉県の宮寺教会に住んで、方々の教会で奉仕をしておられました。私が勤めていた恵泉女学園短大にも四回来ていただき、テゼ式の礼拝を行なうことができました。このことは、後で詳しく述べます。

ところが二〇〇五年八月一六日に大変な事件が起こりました。テゼで夜の祈りの会をしていたとき、列席していた一人の女性が突然ナイフでブラザー・ロジェを刺し殺したのです。彼女は重い心の病を持っていた若いルーマニア人で、ルーミニータ・ラクサンドラ・ソルカン（Luminita Ruxsandra Solcan, 1969-）という名前でした。テレビでこの事実を知ったとき、私は大変なショックをうけました。この事件のあと、ブラザー・ロジェの後継者であるブラザー・アロイス（Brother Alois, 1954-）は、次のような祈りを捧げました。「十字架に架けられたキリストとともに祈ります。父よ、彼女をお赦しください。自分が何をしているのか知らないのです」。

ブラザー・アロイスはドイツ人でカトリック教徒です。ブラザー・ロジェの死の八年前に後継者と決められていたのですが、公表されたのはブラザー・ロジェの死の後です。彼は音楽的な才能があり、テゼの多くの歌の曲を書いています。

「主はよみがえられた」（讃美歌21三三二番）と「イエスよ、みくにに」（讃美歌21一一二番）

讃美歌21三三二番は「主はよみがえられた。ハレルヤ、ハレルヤ、今日こそ　まことに、ハレルヤ、ハレルヤ」というテゼらしい単純な歌詞ですが、大事なのは「今日こそ　まことに、ハレルヤ、ハレルヤ」という所です。キリストがよみがえったのは二〇〇〇年前であるとともに、「今日」なのです。今日、私たちの心によみがえり、本当の命を与えてくださるのです。多くの復活の歌がありますが、「今日」という言葉を使っているのは、この歌だけではないでしょうか。今日の世界は、恐るべき危機に襲われています。その世界に主はよみがえられたのです！　私たちは絶望を希望にかえて、この世界の問題が主によって解決されるように祈りたいと願います。

讃美歌21一一二番「イエスよ、みくにに」は、新約聖書ルカによる福音書二三章四二節の言葉を用いています。十字架につけられた犯罪人の一人が主イエスに「イエスよ、あなたの御国においでになるときには、わたしを思い出してください」と言った言葉です。テゼの多くの歌の曲を作ったのは、ジャック・ベルティエ（Jacques Berthier, 1923-94）です。この歌を前述のＣＤで聞いたときの感激を私は忘れることはできません。キリスト教に、このように静かな平安にみちた美しい世界があるのかーという驚きを感じました。それは新しい世界――私が今まで知らなかった世界への扉を開けてくれました。今その曲が私の部屋で流れています。テゼはキリスト教の新しい世界を私たちに見せてくれましたが、そのテゼからこの歌は誕生したのです。

331

教会暦　復活・イースター

主はよみがえられた

Surrexit Dominus vere
詞：テゼ共同体

SURREXIT DOMINUS VERE
曲：Jacques Berthier, 1923－1994

主《しゅ》はよみがえられた。
ハレルヤ、ハレルヤ、
今日《きょう》こそ　まことに、
ハレルヤ、ハレルヤ。

マタ28：6　Ⅰコリ15：20

「全地よ主をほめうたえ」（讃美歌21四九番）と「共にいてください」（讃美歌21八九番）

讃美歌21四九番はラテン語の歌詞と、その読み方をカタカナで記したものが添えられている、いかにもテゼらしい歌です。「ぜんちよ　主をほめうたえ、かみにつかえ、よろこんで」という歌です。CD「賜物と歌を」でこの歌の合唱を聞いていると、四三年前にテゼの広い会堂で数百名の人々が聖歌を歌っていた様子を懐かしく思い起こします。

讃美歌21八九番は英語が添えられています。

Stay with us, O Lord Jesus Christ, night will soon fall.
Then stay with us, O Lord Jesus Christ, light in our darkness.

私たちのそばにいてください、主イエス・キリストよ、
まもなく夜になります。
私たちのそばにいてください、主イエス・キリストよ、
私たちの闇のなかの光よ。

CD「こころを一つに」でこの歌を聞きながらこの記事を書いています。なんと静かな美しい歌でしょうか。深い瞑想によって養われた霊性から生まれた歌です。この歌を訳していて、“our darkness"という言葉に心を打たれました。現在、闇が世界を日本を覆っています。また私たち一人ひとりの周囲に、また心の中に闇があります。主イエスが私たちと共にいてくださるとき、その闇が光に変わるのです。この歌は深い祈りの歌です。一人でも多くの人がこの歌を知って欲しいと願っています。

作曲者ジャック・ベルティエについて

それではこのジャック・ベルティエという人はどのような人であったのでしょうか。彼は一九二三年にフランスのブルゴーニュ地方のオセール（Auxerre）という町で生まれました。父のパウルは優れた作曲者、またオルガニストで、その町のカトリック大聖堂で五〇年間、オルガニストとして奉仕しました。

ジャック・ベルティエはピアノやオルガン、作曲を親から学びましたが、世界大戦のあと、パリのセザール・フランク音楽院で作曲やオルガンを学びました。一九五五年に初めてテゼの歌に曲を書きました。当時二〇人のブラザーがおり、美しい声で合唱していました。

一九六一年に彼はパリのイエズス会の教会のオルガニストになり、終生この教会で奉仕しました。一九七五年にテゼのブラザーたちが再び彼にテゼの賛美歌の作曲を依頼しました。世界の各地からテゼにくる若者たちのための短い賛歌の曲です。ブラザー・ロジェは、歌詞にふさわしいものを集めてベルティエに送りました。一一二番「イエスよ、みくにに」は英語の歌詞です。ベルティエは英語を話すことができなかったのですが、この英語の歌詞に相応しい曲を作りました。テゼの歌には二〇ほどの違った言語があるのですが、ベルティエはそれぞれの言語を生かす曲を作る才能をもっていました。彼の曲を配した歌は若者たちによって世界各地で歌われるようになりました。

ところで彼は一九九四年六月二七日にパリの自宅で亡くなったのですが、次のことを遺言として述べました。「私の葬儀では、わたしが作曲した歌を歌わないでください」と。それを聞いた人は驚いたそうです。彼は自分の曲はすべて心から神を賛美するためのもので、それによって自分が褒められるためではなかったのです。私はこのことを知って、深く感動しています。バッハやメンデルスゾーンが自分たちの楽譜に「神にのみ栄光を（Soli Deo Gloria）」と書いたと言われていますが、ベルティエも同じ思いであったのです。

テゼ・ブラザーが恵泉女学園で礼拝を指導された

一九七八年に来日された三人のブラザーは、一〇年間日本に滞在されて、その後韓国に移られましたが、その間四回も恵泉女学園短大英文科の世界婦人祈祷日礼拝に出席してくださり、テゼ式の荘厳な礼拝をするための手助けをしてくださいました。一九八〇年二月二五日、一九八一年二月二七日、一九八三年二月二四日と一九八五年一月一八日です。恵泉の史料室にこれらの礼拝のプログラムが保管されており、どのような礼拝であったかを知ることができます。

一九八〇年の礼拝では、ブラザー・マルコが「はじめの言葉」と中心になる「言葉――われわれはいかに他者への配慮を表現すべきか?」について話され、皆で「とりなしの祈り」を捧げました。

聞き給え、聞き給え
タイの教会と婦人たちのために
……
アジアの困難の中にある婦人たちと、その人権のために
……
タイにいる数十万のインドシナ難民のために
……
アジア学院で学ぶ留学生のために

ブラザー・シルヴァンは詩編詠唱の時、フランス語で歌ってくださいました。一九八一年の礼拝でも、ブラザー・マルコが中心的なメッセージを述べられましたが、最後にブラザー・ヨハネ・パウロのメッセージも聞くことができました。この礼拝の「とりなしの祈り」は、「在韓原爆被爆者のために」、「アジアにおける難民のために」と「重度身障者のために」捧げられました。

このようにブラザーを招いて礼拝ができたのは、当時恵泉の宗教部長であった望月賢一郎先生(一九三二―二〇〇七)が長い間タイにおいて宣教師として奉仕されて、国際的な見識を持っておら

れたからです。望月先生は同志社大学神学部とイェール大学神学部マスターコースを卒業され、一九六八年から一〇年間タイのチェンマイ大学などで教えておられ、一九七八年に恵泉女学園短大の教授になられました。タイ人と間違えられるほどタイ語が上手で、タイに関する理解の深さにおいて日本一ということができる人でした。一五年間私が出席している日本キリスト教団使徒教会の協力牧師としてご尽力してくださいました。

恵泉女子短大で行われたテゼの集い

ある日、望月先生と数名の学生たちと宮寺教会にブラザー・マルコたちを訪ねて懇談をすることができました。来日二年で日本語が上手になられたことに驚いていた私は、「漢字が難しくて大変でしたでしょう」と話したところが、「いいえ、漢字を覚えるのは、とても楽しい経験ですよ」と言われました。この方は音楽的な感性がするどく、日本古来の仏教などで使っている木魚などの道具を打楽器として用いて、黙想のための奏楽をされます。実に優れた才能を持つ人です。

テゼのブラザー・ダニエルという人は、陶芸家として世界で名が知られているそうで、このように驚くべき才能をもっているブラザーたちが、テゼには多くおられるようです。彼らは世界の各地においてキリストの愛を伝え、苦しんでいる人々を助ける活動をしています。世界で最も貧しい国であるバングラデシュでは、一九七四年からブラザー・フランクが中心となって、低所得の人々や知的ハンディを持つ人々のために奉仕をしています。

望月賢一郎氏

「喜びを運ぶ者」

ブラザー・ロジェの七回目の命日に、彼の後継者であるブラザー・アロイスは次のように述べました。

ブラザー・ロジェは、すべての人のそばに神が寄り添っておられるという確信のうちに生きていました。――たとえその人がそのことに気づいていないとしても。すべての人の中に神がおられるという、この確信を通して、彼は喜びと平和を見出し、それを他者へ伝えようとしました。わたしたちのうちで分裂の傷跡がなおうずくときがあったとしても、喜びを運ぶ者であったブラザー・ロジェのあり方を決して忘れたくないのです。

この言葉はテゼ共同体の公式ＨＰに英語と日本語で載っています。「喜びを運ぶ者」は、英語では“bearers of joy”です。テゼが私たちに伝えていること、それはよみがえられた主イエスによって生かされて「喜びを運ぶ者」になることです。

「感謝せよ、主に」（讃美歌21四二一番）について

最後に四二一番「感謝せよ、主に」を取り上げます。これはＣＤ「全地よ、主に向かい――詩編をうたう」に収録されています。

かんしゃせよ、主に、めぐみふかい主に、かんしゃせよ、主に、ハレルヤ。

このシンプルな歌詞が静かに繰り返される歌です。じつは数年前に「主に感謝する」ことがいかに信仰生活において大事であるかを教えられたのです。それは『スザンナ・ウェスレーものがたり――ジョン、チャールズ・ウェスレーの母』（教文館）の第7章「スザンナとジョージ・ハーバートの詩」を書いていた時のことです。スザンナは、わたしたちがいかに感謝の心が足りないかを感じてハーバートの「感謝する心」という詩を彼女の日記に引用しているのです。

主よ、あなたは多くのものを私にくださいましたが、

もう一つ与えてください。感謝する心を。
私はあなたに手練手管を使って求めます。

……
それゆえ　私は叫び、また叫びます。
あなたは静かでいることがおできになりません。
私が感謝する心をあなたからいただくまでは。

嬉しいことがあっても、私は感謝することがないのです。
お恵みがこれからも十分あるかのように思って。
どうか心の鼓動が常にあなたを賛美する人間にしてください。

Gratefulness

Thou that hast giv'n so much to me,
Give one thing more, a grateful heart.
See how thy beggar works on thee

By art.

……

Wherefore I crie, and crie again;
And in no quiet canst thou be,
Till a thankful heart obtain
Of thee:

Not thankful, when it pleaseth me;
As if thy blessings had spare days:
But such a heart, whose pulse may be
Thy praise.

この詩でハーバートは、神に対して必死に「感謝する心」を求めています。そして心の鼓動が常に神を賛美するようにしてください、と懇願しています。なぜ彼はこれほど感謝の心を求めたのでしょうか（I crie は古い語形です）。

私たちは祈りの時にさまざまな願いを主に訴えます。私たちの欲求を主に述べます。もしこれだけで、主に感謝することがなければ、私たちは主を自分のために利用しており、主に対する愛が欠けています。主との間に生きた交わりがないのです。私はこのハーバートの詩を読んで衝撃をうけました。感謝の心がないということは、私たちの信仰が死んでいるということです。テゼの賛歌に、「主に感謝せよ」という歌があることを大変うれしく思います。

第7章　躍動するアフリカの賛美歌
――「主の復活、ハレルヤ」（讃美歌21三二三番）

アフリカの大地から響く賛美歌

讃美歌21のＣＤ「十字架と復活」に収録されているアフリカの賛美歌「主の復活、ハレルヤ」が打楽器の伴奏と合唱で歌われているのを聞いたとき、私は目が覚めるような驚きを感じました。なんという喜びと生命力に満ちた歌だろうかと。「主の復活、ハレルヤ」という歌い出しから、この歌は、復活の喜びを爆発させています。曲は西欧的な響きですが、アフリカの大地からでなくては生まれないリズムが私たちの魂に迫ります。

一九八五年、ナイロビを訪れた

一九八五年の七月一一日から二一日まで私はアフリカ東側にあるケニヤの首都ナイロビを訪れました。国連主催の女性の会議（第三回世界女性会議）に出席するためでした。創元社の優秀な編集者で、私の『老いについて』を刊行するとき、お世話になった正路玲子さんから、大阪北区の働く女性の会の通訳として参加して欲しいと言われたのです。この旅行を通して、アフリカを知ることができました。この旅行のことを基督教学徒兄弟団の雑誌『兄弟』の一九八五年一〇月号に書きましたので、紹介させていただきます。

この会には一六〇の国から一二、〇〇〇人の女性が参加し、日本からも八〇〇人ほどが出席し、大学の女子寮に泊り、教室で数百のワークショップが開かれ、私たちのグループは職場における男女の給与の差別について報告し、出席者と話し合いました。ここでどのような人々に出会ったかについては、後で詳しく書きます。

ナイロビ空港に夕方につき、目的の女子寮にバスで行く途中、私たちは日本で見ることができない壮麗な景色を見たのです。見渡すかぎりなにもない平野に、夕日が沈み、雲が夕日の色に染まってたなびいていたのです。東京で見ている小間切れの空とは違う雄大な自然に圧倒されました。

会議終了後、私たちは四時間バスにのって、キリマンジャロのふもとにあるサファリ・パークに行き、二人部屋がならぶ宿につきました。ここで見た夜空の星の輝きはまさに豪華でした。ダイヤモンドをちりばめたような天の川が頭上にきらめき、肌寒い庭で、私たちはたき火をかこんで、しみじみとお互いの人生について語りあい、東京にはこのように美しい夜空がない、輝く星がないと思いました。

ところで、この国連の会議のある日、この会が数台のバスを借り、参加者が希望する所に案内してくれるという企画がありました。

私は教会を訪れるバスに乗って、生まれて初めてアフリカの教会を見学することができました。

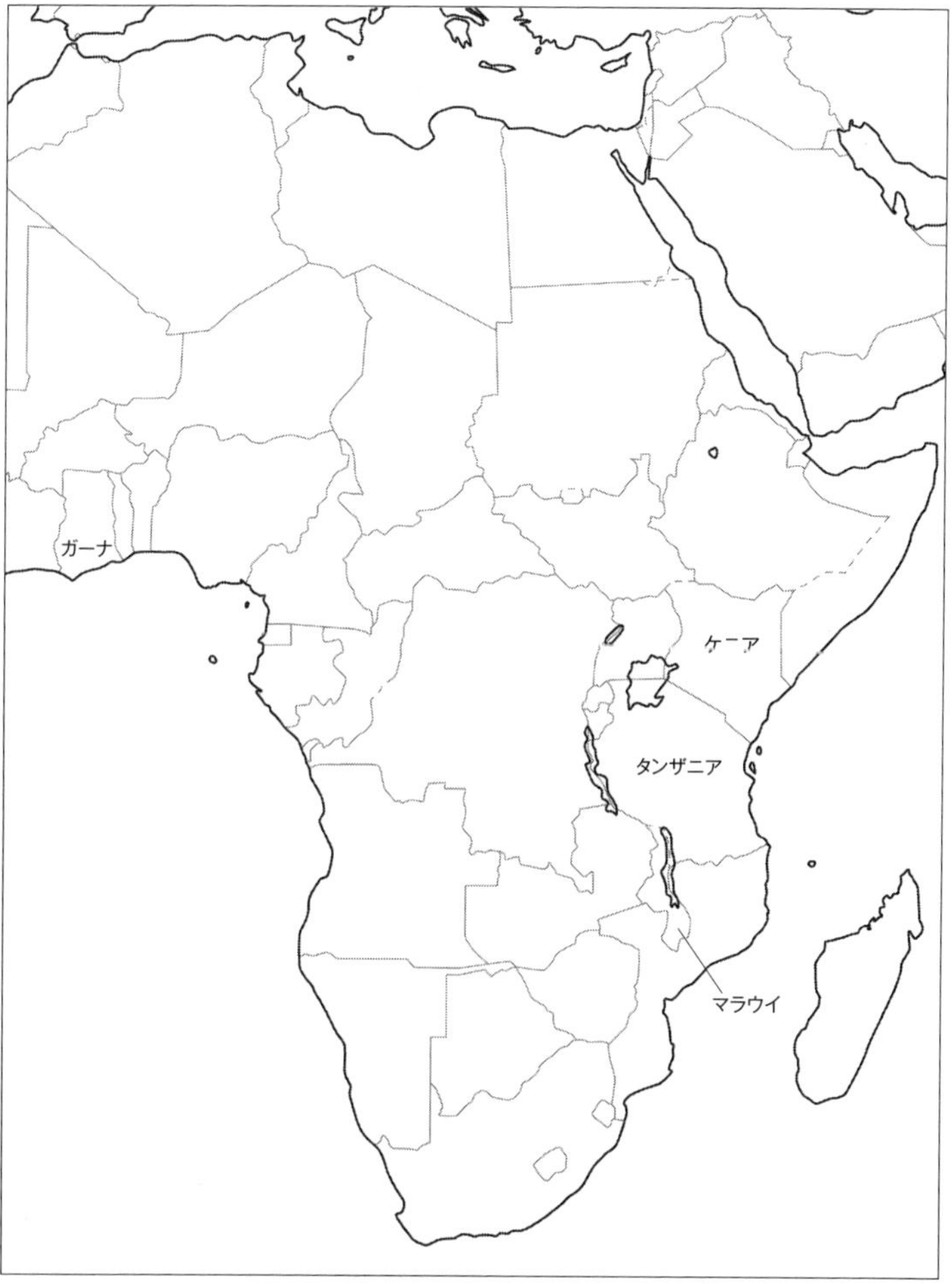

現在のアフリカ大陸

実は教会訪問を希望したのは、私一人でしたが、教会が一杯になるほどいた多くのアフリカの信徒の皆さんが、私一人のためにいろいろな賛美歌を歌ってくださいました。私が知っている曲や、そうでない曲がありました。驚いたのは、歌いながら皆さんがそろって飛び上がり、それが何度も繰り返されたことです。日本では静かに歌う賛美歌ですが、アフリカの信徒は、いろいろな仕草で体を動かすことによって、彼らの喜びを表現して歌うのです。三一年後にアフリカの賛美歌について原稿を書くようになるとは夢にも思わなかったのですが、もっと詳しく彼らが歌った賛美歌を観察すればよかったのにーと思っています。当時の私は、私一人のために一〇〇人近くの信徒の皆さんが歌ってくださったことに、ただただ感激していました。最後に牧師が私を呼んで、「あなたのために祈りたいのですが、なにを祈りましょうか?」と言われました。私はすぐ次のように答えました。

「私は体が弱いので、強くなりたいのです」。これを聞かれた牧師は、真剣に祈ってくださいました。三一年前のことですが、昨日の出来事のように鮮明に覚えています。この牧師は多くの人々のために祈ってこられた優れた牧師だと思います。がんで七回も入院した私が九二歳になる現在まで守られていることをこの牧師に伝えたいのですが、お名前も教会名も分からないので、残念です。

「主の復活、ハレルヤ」(讃美歌21三三三番)の作詞者について

さて、讃美歌21三三三番「主の復活、ハレルヤ」に戻ります。この歌詞をアフリカ東岸部で広く

使われているスワヒリ語で書いたのは、ケニヤの南にあるタンザニアで生まれたベルンハルト・キヤマニワ（Bernhard Kyamanywa, 1938- ）です。彼の生い立ちは不幸でした。孤児になったのですが、幸いベテル・ミッション（Bethel Mission）というキリスト教の施設に入ることができ、そこのドイツ人の奉仕女（ディアコニッセ、ドイツで始まった教会の役職）によって育てられました。それで、ベルンハルトというドイツの名前がついたのでしょう。

この歌の曲はタンザニア民謡となっていますが、西欧的な響きを持っています。西欧の宣教師が伝えた賛美歌の曲がタンザニアの曲に影響を与えて生まれた曲ではないでしょうか。もともとタンザニアの結婚式でみなが踊りながら歌った曲ですので、現在でも現地の人々は踊りながら歌うのでしょう。私たちも、自分なりに仕草を考えて、踊りながらこの賛美歌を歌ってみたいものです。復活の喜びが、今だかつてないほどリアルに感じられるのではないでしょうか。

ベルンハルト・キヤマニワ

ところで、この喜びに満ちた歌はドイツ語に訳され、評判になり、ドイツの教会の正式な賛美歌集である『福音賛美歌集』Evangelisches Gesangbuch の一一六番に収録されています。一九六九年にはルター派世界協議会が刊行した聖歌集に載せられ、一九七四年には世界教会協議会（WCC）が発行した“Cantate Domino”に収録され、世界中で有名になりました。

この歌を英訳したフォワード・オルソン（Howard Elson, 1922-2010）は、アフリカで教師や宣教師として奉仕をした人で、アフリカの歌を集めた歌集 *Set Free* を一九九三年に Augsburg Fortress から出版しました。その序言で彼は述べています。アフリカの歌を歌うときは、即興で色々の仕草をしながら歌ってよい、楽譜にとらわれずに、その場の気分で自由に歌ってよいと。

この歌の作詞者のキヤマニワは、この歌が有名になり、世界各地で歌われていることについて感想を求められたときに答えました。「私は神の言葉を宣べ伝える責任があると思っていますので、この歌が世界の多くの所で歌われていることを喜んでいます」と。彼は主が復活された喜びを世界に伝えたいのです。

この賛美歌のドイツ語訳

ドイツの賛美歌集一一六番に収録されているドイツ語訳を私訳と共に紹介します。

一、主は復活された、ハレルヤ！
　歓喜し、歌え、ハレルヤ！
　私たちの救い主は勝利され、
　すべての敵を捕えられた。

我らの神の前で、賛美しよう、
神は私たちを永遠の死から救い出してくださった。
罪は赦された、ハレルヤ！
主イエスは生命をもたらされる、ハレルヤ！

二、主は三日墓に葬られた。
主に永遠に賛美とほまれと感謝を捧げよう。
死の暴力は滅ぼされた、
イエスに属する者はさいわい。
我らの神の前で賛美を歌おう。
神は私たちを永遠の死から救い出してくださった。
罪は赦された、ハレルヤ！
イエスは生命をもたらされた、ハレルヤ！

三、天使は言った。「恐れるな！
あなた方は主イエスを探しているが、ここに彼はおられない。
見よ、彼が横たえられていた墓は空《から》だ。

主は以前言われたように復活されたのだ」。
我らの神の前で賛美を歌おう。
神は私たちを永遠の死から救い出してくださった。
罪は赦された。ハレルヤ!
イエスは生命をもたらされた、ハレルヤ!

四、「行って、宣べ伝えよ、主イエスは生きておられると。
それを、生きとし生ける者はみな喜ぼう。
神が命じられたことが、今や成就したのだ。
キリストは生命を再びもたらした」。
我らの神の前で賛美を歌おう。
神は私たちを永遠の死から救い出してくださった。
罪は赦された、ハレルヤ!
イエスは生命をもたらされた、ハレルヤ!

五、主は復活され、私たちを救い出してくださった。
それを常に感謝し、賛美しよう。

罪も死も私たちを害することはできない。
キリストは私たちを神と和解させてくださった。
我らの神の前で賛美を歌おう。
神は私たちを永遠の死から救い出してくださった。
罪は赦された、ハレルヤ！
イエスは生命をもたらされた。

1. Er ist erstanden, Halleluja!
Freut euch und singet, Halleluja!
Denn unser Heiland hat triumphiert,
All seine Feint gefangen er fuehrt.
Laßt uns lobsingen vor unserm Gott,
Der uns erlöst hat vom ewigen Tod.
Sünd is vergeben, Halleluja!
Jesus bringt Leben, Halleluja!

2. Er war begraben dei Tage lang.

Ihm sei auf ewig Lob, Preis und Dank;
Denn die Gewalt des Tods ist zerstört;
Selig ist, wer zu Jesus gehört.
Laßt uns lobsingen vor unserem Gott,
Der uns erlöst hat vom ewigen Tod.
Sünd ist vergeben, Halleluja!
Jesus bringt Leben, Halleluja!

3. Der Engel sagte: “Fürchtet euch nicht!
Ihr suchet Jesus, hier ist er nicht.
Sehet, das Grab ist leer, wo er lag:
Er ist erstanden, wie er gesagt.”
Laßt uns lobsingen vor unserm Gott,
Der uns erlöst hat vom ewigen Tod.
Sünd ist vergeben, Halleluya!
Jesus bringt Leben, Halleluja!

4. “Geht und verkündigt, daß Jesus lebt,
Darüber freu sich alles, was lebt.
Was Gott geboten, ist nun vollbracht,
Christ hat das Leben wiedergebracht.”
Laßt uns lobsingen vor unserm Gott,
Der uns erlöst hat vom ewigen Tod.
Sünd ist vergeben, Halleluja!
Jesus bringt Leben, Halleluja!

5. Er ist erstanden, hat uns befreit;
Dafür sei Dank und Lob allezeit.
Uns kann nicht schaden Sünd oder Tod,
Christus versöhnt uns mit unserm Gott.
Laßt uns lobsingen vor unserm Gott,
Der uns erlöst. hat vom ewigen Tod.
Sünd ist vergeben, Halleluja!
Jesus bringt Leben, Halleluja!

このドイツ語訳と三三三番の日本語訳はすこし違っていますが、それなりに力強く主の復活の喜びを伝えています。

国連の会で出会った人々

冒頭で述べた国連の会に戻ります。七月一五日に私たちのグループが企業における男女の給与の差別について報告をしたところ、フィリピン人のカトリックのシスターが次のように述べました。「工業化が進んでいる日本の企業で女性が不利な立場におかれているとは驚きです。ところで、私たちは今、日本の買春観光に反対する運動をしています」と。

日本男性の「セックス・ツアー」に関して、もう一人の発言がありました。もと津田英学塾で教えていた一人のアメリカ女性は「日本、また韓国のソウルで女性たちが買春観光反対のために真剣にデモをしていることを知っています」と述べました。またニューカレドニアの女性が、その地における売春問題について発言し、政府が人民の福祉に冷たいと激しく攻撃したことも忘れられません。日本の企業における男女差別の問題がふっとんでしまい、世界の各地で売買春が行われていることへの憂慮が会場にみちあふれました。

その二日前に校庭に張られたあるテントでは、日本のグループが世界の平和を訴え、「原爆許すまじ」を合唱していました。世界で唯一の被爆国である日本としては、核廃絶を訴える責任があるのです。ところが、彼らがこのテントを去ると、そのテントの会に出席していたオランダの女性とフィリピンの女性は、加害者としての日本について語りました。フィリピンでの日本軍の残虐行為と、インドネシアの日本軍捕虜収容所で軍人から手荒い取り扱いをうけて心身が深く傷ついた多くのオランダ人がいることを話したのです。私は東京裁判の検事局言語部で日本を裁く資料の翻訳を訂正する仕事をしていたことがあるので、フィリピンで日本軍がどのような残虐行為をしたかよく知っていましたし、この会の二年前にオランダを訪れ、インドネシアで、日本軍がオランダ人に対して彼らの心身を傷つける行為をしたことを教えられていましたので、加害者としての日本について深く反省すべきであると思っていましたが、このような会で改めてそのことを指摘されて、心が痛みました。

ところで、このような国際的な舞台で日本人集団を見たとき、二つの問題があると私は痛感しました。日本語、または英語を用いて話すとき、聞く者の心を動かすアピール力を養う教育が日本に欠けていることと、日本を国際的な視野で突き放して見ることに慣れていないところから生まれる国際的感覚の欠如です。「世界」という言葉は私たちのなかでまだ定着していません。

一九八五年に日本テレビが24時間テレビ「愛は地球を救う」という番組を放送しました。マイケル・ジャクソンら四五名のトップ・アーティストたちが深刻な食糧危機からアフリカを救うために、無料で“We Are the World”というレコードを一夜で作るという奇跡を成し遂げたという事実のドキュメンタリーでした。その題のように「私たちが世界」なのです。「世界」という言葉が生きています。「私たちはみな神の優れた、大きな家族なのだ」“We are all a part of God's great big family" という言葉がこの歌にあります。諸国民が神の家族である！ なんと素晴らしい言葉でしょうか！ それゆえアフリカの人々が飢餓で苦しみ、死んでいるのだ、私たちは彼らを助けよう、というこの歌は、なんと素晴らしい歌でしょうか。この歌のシングル版だけで米国で七五〇万枚売れ、シングル、アルバム、ビデオで合計六三〇〇万ドルの収入があり、それが全額アフリカを助けるために用いられました。

讃美歌21四八七番「イェス、イェス」

讃美歌21のCD「み栄え告げる歌は」に収録されている四八七番の「イェス、イェス」が打楽器の伴奏で歌われているのを聞いて、私はこの歌の虜《とりこ》になりました。アフリカのガーナ民謡の曲で歌われるこの賛美歌は、スコットランドからの宣教師トム・コルヴィン（Tom Colvin, 1925-2000）の歌詞によるものです。「主の愛で私たちを満たしてください」という言葉が各節と四節のあとに繰り返されるこの歌は、なんと静かに私たちの心に浸みこむことでしょうか！ リズミカルに響く打楽器が、なんと深い平安をもたらしてくれるでしょうか！

この歌は十字架や復活に関する歌ではないので、本来ならばこの本で取り上げることが出来ない歌ですが、復活を信じ、主の深い愛を信じることから生まれた歌ですから、取り上げることにしました。

ネットでコルヴィンを検索し、彼の歌集 *Fill Us with Your Love*（Agape）を注文してみましたところ、なんとその歌集に"Christ the Lord Has Risen"「主キリストは復活された」という復活の歌があるのです！　それもガーナ民謡の曲です。勿論その歌も取り上げます。

トム・コルヴィンとは、どのように素晴らしい人物であるかを述べます。彼は一九二五年四月一六日にスコットランドのグラスゴーで生まれました。グラスゴー工科大学で学んだので、卒業後英国工兵隊に入り、数年ビルマやシンガポールで将校として働いていたのですが、彼はある日、自分は牧師になって神と人々に奉仕すべきではないか、と思ったのです。それはまさに神の御意思でした。それで彼は故郷にあるグラスゴー大学で神学生として学び、一九五四年に牧師となり、アフリカのマラウイ共和国（当時はニヤサランドと呼ばれていた）に派遣されました。

トム・コルヴィン

マラウイがアフリカのどこにあるか分からなかった私は調べました。本書にある地図を見てください。中央アフリカの小国です。当時この国はイギリスの保護領であり、「イギリス保護領ニヤサランド」と呼ばれていました。第二次世界大戦後、黒人たちは独立を心から願い、そのための運動をしていました。

ところが、そのような独立運動を抑えて、白人の支配権を強固にしたいと望んだ政権が権力の座につきました。コルヴィンは黒人たちの味方で、彼らを応援したので、国外退去を命じられました。そのような事情でコルヴィンはガーナで一九五九年から六四年まで奉仕しました。六四年に彼がマラウイに帰ることができたのは、この年に黒人たちが独立を勝ち取り、ニヤサランドが「マラウイ共和国」となったからです。

その後、彼は一九七六年から八年間ロンドンの貧しい南東地域の教会の牧師となり、その地域の開発に心を砕いていましたが、一九八七年にはアフリカに戻り、一九九〇年に引退するまでアフリカのために働きました。

彼は歌集 *Fill Us with Your Love* の序言に、アフリカの曲に英語の歌詞をつけた賛美歌がマラウイ共和国やガーナで現地の人々にとって非常に必要とされている、と述べています。マラウイでは高等教育は英語でされており、高等教育を受ける人々が増えているので、英語の賛美歌が作られると、多くの人々が喜んでそれを歌うのです。

ところで彼はアフリカの曲で賛美歌を歌うとき、大変大事なことがある、と言います。紙に印刷された楽譜はそのままでは「凍って」(frozen) いるのです。それゆえ歌う人がその人独自の歌い方をして、その氷を溶かさねば (thaw them out) ならないのです。ある曲はダンスをするときの曲ですから、踊りながら歌わねばなりません、と。コルヴィンは、現地の信者たちと踊りながら賛美歌を歌ったのでしょう。この歌集には彼が現地の牧師と話しながら、心の底から湧き出る喜びを表している写真が載っています。このような喜びから彼の歌詞が生まれたのでしょう。

あなたの愛で私たちを満たしてください

エス、エス、あなたの愛で私たちを満たしてください。
あなたからいただいた隣人たちに、どのように奉仕すべきか教えてください。

一、主はその友らの足元にひざまずき、静かに彼らの足を洗われる。
主が、しもべとして彼らに仕えられる。

二、隣人には富める人、貧しい人、肌が黒い人、褐色の人、白い人がいる。
隣人には近くにいる人、遠くにいる人がいる。

三、これらの人々に私たちは仕え、これらの人々を愛すべきである。
これらの人々はみな私たちの主あなたの隣人なのだ。

四、愛は私たちをひざまずかせる。私たちはしもべであるが互いに仕える。
主よ、あなたとともに生きるとき、私たちはこのように行います。

（各節のはじめと 4 節のあとに）

イェス、イェス、
主《しゅ》の愛《あい》で　私《わたし》たち　満《み》たしてください。

1　弟子《でし》たちの足《あし》　静《しず》かに洗《あら》い
ひとに仕《つか》える　主《しゅ》よ。

2　人種《じんしゅ》のへだて　立場《たちば》の違《ちが》い
すべてを超《こ》える　主《しゅ》よ。

3　主《しゅ》の愛《あい》された　すべての人《ひと》が
私《わたし》の隣《とな》り人《びと》。

4　しもべのように　互《たが》いに仕《つか》え
イェスと共《とも》に　歩《あゆ》もう。

ヨハ13：1−11　エフェ2：14　コロ3：11
ルカ8：36−37　ロマ14：15

487

愛

イエス、イエス

Jesu, Jesu, fill us with your love
詞：Tom Colvin, 1925—

CHEREPONI
曲：ガーナ民謡

Jesuを「エス」と訳したのには、わけがあります。現地ではJesusを「エス」と呼ぶそうです。日本語のイエスに似ています。

Fill Us with Your Love

Jesu, Jesu, Fill us with Your love,
Show us how to serve the neighbors we have from You.

1. Kneels at feet of His friends, Silently washes their feet,
Master who acts as a slave to them.

2. Neighbors are rich folks and poor, Neighbors are black, brown and white.
Neighbors are nearby and far away.

3. These are the ones we should serve, These are the ones we should love,
All these are neighbors to us and You.

4. Loving puts us on our knees, Serving us though we are slaves,
This is the way we should live with You.

最初の二行は各節の前に、また四節の後に繰り返し歌われます。この二行目の「あなたからいただいた隣人たちに、どのように奉仕すべきか教えてください」は日本語訳にはありませんが、とても大事な言葉です。主イエスが隣人たちを私たちに与えてくださったのです。彼らは偶然に私たちの隣人ではないのです。また主イエスに「あなた」と呼び掛けています。「あなたの愛で私たちを満たしてください」と祈っているのです。訳では「主の愛で私たちを満たしてください」となっていますが、「あなたの愛で」なのです。これで分かることは、コルヴィンが主イエスと深い絆で結ばれていたということです。また彼は、主イエスがどのように深い愛をもって、私たちに接しておられるかを知っていたのです。

ここで想起するのは、ジョン・ウェスレーがゲルハルトの賛美歌を訳した讃美歌三四二番「主よ、主の愛をば　いかにほめまつらん」です。その二節でウェスレーは、

あなたの愛が私のすべてを満たしてください。

と祈っています。

一、イエスよ、あなたの私に対する無限の愛は、
私の思いを超えており、言葉で表現することもできません。
感謝に満ちている私の心をあなたに結び付け、
私の心をあなたのみが支配してください。
愛する主よ、あなたのためにのみ私は生き、
愛する主よ、あなたに私自身を捧げます。

二、私の願いはあなたの聖なる愛以外のなにものも
私の魂に住まないことです。
あなたの愛が私のすべてを満たしてください、
私の喜び、私の宝、私の冠よ！
すべての冷酷な思いを私から遠ざけ、
私のすべての行為、言葉と思いが愛でありますように。

ウェスレーは「イエスよ、あなたの私に対する無限の愛は、私の思いを超えており、言葉で表現することもできません」という言葉でこの賛美歌を始めていますが、それはまさにコルヴィンの思いであったと思います（本書第3章を参照してください）。

コルヴィンの復活の賛美歌

この「主キリストは復活された」"Christ the Lord has Risen"は、日本で初めて紹介されるアフリカの賛美歌です。ガーナのガルー（Garu）という所で採譜されたガーナの戦いの歌の曲を、コルヴィンが復活の賛美歌のために編曲したものです。この歌は速く歌い、会衆が歌うとき、ドラムで伴奏するのが望ましいと書かれています。またこの歌はリーダーが一行を歌うと、会衆が同じ歌詞を別の曲で歌うという形になっています。

主キリストは復活された

（リーダー）

一、主キリストは復活された。

二、罪は最悪の結果をもたらした。

（会衆）

主キリストは復活された、エス。
主キリストは復活された。
主キリストは復活された、エス。

罪は最悪の結果をもたらした、主よ、
罪は最悪の結果をもたらした。
罪は最悪の結果をもたらした、主よ、

三、キリストは死に打ち勝たれた。

四、彼は主の主、

五、主は王の王です、

六、全世界は主のもの、

七、来て、主を礼拝しなさい。

キリストは死に打ち勝たれた、エス。
キリストは死に打ち勝たれた。
キリストは死に打ち勝たれた、エス。

彼は主の主、エス。
彼は主の主。
彼は主の主、エス。

主は王の王です、エス。
主は王の王です。
主は王の王です、エス。

全世界は主のもの、エス。
全世界は主のもの、
全世界は主のもの、エス

来て、主を礼拝しなさい、エス。

来て、主を礼拝しなさい。
来て、主を礼拝しなさい、エス。

八、主キリストは復活された。
主キリストは復活された、エス。
主キリストは復活された、
主キリストは復活された、エス。

九、ハレルヤ、
ハレルヤ、エス。
ハレルヤ、
ハレルヤ、エス。

Christ the Lord Has Risen

(Leader)
1. Christ the Lord has ris'n,

(All)
Christ the Lord has ris'n, Jesu.
Christ the Lord has ris'n,
Christ the Lord has ris'n, Jesu.

2. Sin has done his worst,
Sin has done his worst, Yes, Lord,
Sin has done his worst,
Sin has done his worst, Yes, Lord,

3. Christ has conquered death,
Christ has conquered death, Jesu.
Christ has conquered death,
Christ has conquered death, Jesu.

4. He is Lord of Lords,
He is Lord of Lords, Jesu.
He is Lord of Lords,
He is Lord of Lords, Jesu.

5. He is King of Kings,
He is King of Kings, Jesu.
He is King of Kings,
He is King of Kings, Jesu.

6. All the world is His,
All the world is His, Jesu.

All the world is His,
All the world is His, Jesu.

7. Come and worship Him.

Come and worship Him, Jesu.
Come and worship Him,
Come and worship Him, Jesu.

8. Christ our Lord, has ris'n,

Christ our Lord has ris'n, Jesu.
Christ our Lord, has ris'n,
Christ our Lord, has ris'n, Jesu.

9. Hallelujah,

Hallelujah, Jesu.
Hallelujah,
Hallelujah. Jesu.

このように歌詞を見てみますと、単純な言葉の繰り返しですが、紙に書かれたこれらの言葉は「凍って」います。コルヴィンの指示に従って、私たちは、この歌を溶かさねばなりません。ドラ

アフリカの賛美歌

ムをたたき、復活の喜びを爆発させて歌ってみたいと思います。

この復活の歌と「メサイア」の「ハレルヤ・コーラス」

「全世界は主のもの」という箇所を書いているとき、コルヴィンはヨハネの黙示録一一章一五節の言葉に言及していたのではないでしょうか。

　この世の国は、われらの主と
　そのメシアのものとなった。
　主は世々限りなく統治される。

その前に「罪は最悪の結果をもたらした」という言葉があります。現実の状況は最悪なのですが、復活の主を信じるとき、全世界が主が支配される世界になると希望が与えられます。ヨハネの黙示録一九章一六節に「王の王、主の主」という言葉がありますが、それらもこの歌に使われています。あの有名なヘンデルの「メサイア」の「ハレルヤ・コーラス」には、これらの黙示録の言葉が引用されています。これは私の推測ですが、音楽を愛したコルヴィンは「メサイア」を特別に愛しており、その影響を受けて、この歌詞を書いたのではないでしょうか。この歌の最後の節が「ハレルヤ」であることも、興味のあることです。

「メサイア」について私は『「きよしこの夜」ものがたり』（教文館）に詳しい解説を書いています。

アフリカの作品に影響を受けた岡本太郎

私はアフリカの賛美歌について、このような文章を書きながら思ったのです。アフリカの賛美歌には、他の所の歌にない魅力、活力があると。その活力を日本のキリスト者は賛美歌を歌うときに神様から与えていただきたいと。そして「芸術は爆発だ」と言った岡本太郎が、アフリカの仮面や神像を見て大変感動したことを思い出して調べてみました。

『産経ニュース』の「岡本太郎のアール・ブリュット　生《なま》の芸術の地平へ」というサイトで岡本が仮面について述べている言葉を紹介しています。

> 確かに異様に見える。けれどじっと見つめていると、これ以外の表現ではありようがないと思われる。圧倒的な存在感をつきだして、まさに全てのマスクがすっくりと立ちあらわれ、迫ってくる。

（『イメージの冒険――アフリカ美術展』一九八五年、図録より）

「アール・ブリュット」とはフランス語で「生《なま》の芸術」という意味で、専門的な教育を受けていない人、素人《しろうと》が作る芸術という意味です。アフリカの仮面はまさにそのような芸術作品なのです。ところでアフリカの信徒たちが賛美歌を歌うとき、書かれた楽譜通りでなく、それぞれ独自の仕方で歌い、それに様々な仕草をつけて踊りながら歌うということは、まさに「生の芸術」で、私たち日本人がその場にいれば、「圧倒的な存在感」を感じることでしょう。

第8章　ミケランジェロの十字架像
——ヴィットリア・コロンナとの霊的な友情

一九七三年にローマを訪れた

第6章で一九七三年の夏、ヨーロッパに研修旅行に行ったことを述べましたが、テゼ共同体を訪れる前に、私と甥の大島力さんは、ドイツのダルムシュタットにあるプロテスタントの修道院であるマリア福音姉妹会を訪れ、二週間ほどそこに滞在しました。

ここではシスターたちが「日々の悔い改め」を一番大事な神の命令と信じて生きています。彼女らの顔は主に愛されているゆえの喜びに輝いており、主を賛美する歌声は、このうえなく優しく、澄んだ美しさが溢れていました。

ところで、そこを去るとき、私がシスターたちに「私はこの旅でローマに行って、サン・ピエトロ大聖堂やミケランジェロの大作があるシスティーナ礼拝堂を見たいのです」と話しますと、「ローマにはカトリックのよい宿泊所があるので、ホテルではなく、そこに泊まりなさい。お二人のために予約してあげますよ」とご親切に言ってくださいました。

そのローマの宿舎の夕食のテーブルについたとき、私はナプキンを見て驚きました。私の名前を書いた紙でナプキンが巻いてあるのです！　隣に座っていた甥の名前も書いてありました。「私たちを、ここにいるシスターたちは待っていてくださったのだ！」と思い、食事を運んでくださったシスターにお礼を言いましたら、「私たちはいつもこうしてお客を迎えます」という返事が返ってきました。日本でカトリックのシスターたちに接する機会がない私は、この宿舎で、素晴らしい経験をすることができました。

この宿からサン・ピエトロ大聖堂は歩いて行くことができるほど近いのです。システィーナ礼拝堂に行くことをシスターに話しましたら、大混雑のなかで行かねばならず、時間がかかるので、飲み物を用意しなさいと言われました。ヴァティカンの廊下はまさに満員電車のような状態で、目指す聖堂についたときは、疲れ切っていました。ミケランジェロがこの礼拝堂の天井に描いた「天地創造」の絵画を見るためには頭を上に向けねばならず、それが無理でしたので、私は正面の「最後の審判」をまじまじと見ていました。この世界の傑作と言われる作品を、私が目にして感激したことには、深い事情があります。

ミケランジェロとヴィットリア・コロンナの出会い

本書では、十字架と復活についての賛美歌を取り上げてきましたが、最後に、ミケランジェロ・ブオナローティ（Michelangelo di Lodovico Buonarroti Simoni, 1475-1564）が描いた十字架像を中心にして、絵画に現れた十字架について考えたいと思います。

ローマを訪れた一九七三年の夏より前に、私はローランド・ベイントン著『宗教改革の女性たち』（ヨルダン社）を訳し終えており、この本のヴィットリア・コロンナの章には、彼女とミケランジェロの深い霊的友情が詳しく述べられていました。この「最後の審判」が描かれたのは、彼が彼女との交わりを通して、イエス・キリストに心を奪われていた時でした。

　この本を訳していたとき、私は一九六九年に刊行されたロマン・ロラン著、宗《そう》左近訳編の『偉大なる芸術家の生涯――ミケランジェロ・ベートーヴェン・トルストイ』（社会思想社）という素晴らしい本を読んでいました。ロランは、ミケランジェロが天才であるがゆえにどのように激烈な苦悩を味わったかを述べています。

ミケランジェロ

> かつて彼ほど天才の餌食《えじき》になった者はいない。意志も心情も熱狂的な自分の天才をどうすることもできなかった。彼は絶え間ない激情のなかに生きていた。体にあふれる、ありあまる力に苦しんで彼は寸時の休む暇もなく働かねばならなかった。「夜も昼も仕事以外のことは何も考えない」と手紙に書いている。

「天才の餌食」という言葉に初めて出会いましたが、この言葉は彼の苦悩を表現するのに最適な言葉です。彼は周囲の者にその苦悩を理解してもらうことができず、孤独であったのです。

ロランは次のように述べています。

彼は孤独であった……彼は感嘆され怖れられ尊敬され、彼の世紀に君臨した。しかしもっとも賎しい者にも与えられる快い休息はなかった……その荒涼とした暗い空に、一瞬、ヴィットリア・コロンナの友情の冷たく清い星が輝いただけである。周囲はすべて暗闇である。その中を彼の狂気じみた欲望や夢想の燃える流星がよこぎった。ベートーヴェンでさえこのような暗闇は知らなかった。ベートーヴェンは、この世の過ちを悲しんだが、本来は陽気な性質の人であった。ミケランジェロは彼そのものが悲しみであり、心に夜を抱いていたのである。

ミケランジェロの心の暗闇は、ベートーヴェンでさえ知らなかった、なぜならばミケランジェロそのものが悲しみであり、心に夜を抱いていた、というロマンの言葉を読むと、私たちは彼の心の闇は、私たちの理解を超えるほど深刻なものであることが分かります。

その彼が六三歳になった一五三八年に出会ったのが、四六歳の未亡人であったヴィットリア・コロンナでした。

ベイントンの本によると、ミケランジェロはヴィットリア・コロンナとの出会いについて、次のような詩を書きました。

愛する人よ、そもなれがわれをたやすくうちまかし、
とりこにしたるそのときに、なれは鎖をもたざりき。
なんじを一目見《ひとめ》しときに、なんじはわれをとらえたり。
われは記憶す、そのときを。
深き苦悩を味わいて弱くなれるやわが心、
かくもたやすく負けしとは。
なが麗しの両《りょう》の眼《め》は、枯れ木に新芽をめばえさせ、
花ぞ開きぬ、つややかに。
わがこのことば真《しん》なれば、信じたまえや、他の者が、信じ難しと笑うとも。

ミケランジェロがイタリア語で書いた詩をベイントンが英訳し、それを日本語に訳しているので、原詩の持つ味わいをそのまま感じることはできませんが、なんと素晴らしい詩でしょうか。彼は一目で彼女が苦悩に打ちひしがれていた自分を生かしてくれる女性であると直感したのです。そして、枯れ木のような彼に、新芽がめぶいたのです。これを聞いて、「そんなことが起こるはずはない」と笑う人がいることを予想して、彼は「これは事実ですから、どうか信じてください」と懇願しています。

ヴィットリア・コロンナ

ヴィットリア・コロンナについて

それでは、ヴィットリア・コロンナ（Vittoria Colonna, 1490-1547）とはどのような女性であったのでしょうか。彼女はイタリアの最も高貴な家柄の一つであったコロンナ家の出身で、父親はバリアノ領主、母親はウルビノ公の娘でした。多くの求婚者がいたのですが、一七歳の彼女が選んだのはペスカーラ侯であるスペインの貴族ダヴァロスでした。一八年間の結婚生活で幸せであったのですが、夫の死後、は、ほんの短い間で、夫は戦いで留守がちであり、女の出入りがいろいろあったのです。夫の死後、彼女は夫を偲ぶ多くの十四行詩（ソネット）を書いたのですが、心から夫を偲んで書いたというよりは、単なる文学上の技巧であったのではないか、と思われます。

彼女は優れた知性に恵まれ、ラテン語やイタリア語の多くの詩を書き、女性の詩人として、文人の間で称賛の的になっていました。

ベイントンが彼女を『宗教改革の女性たち』のイタリア篇に取り上げたのには、深い事情があります。彼女は福音的カトリック主義を熱心に信じていたのです。この福音的カトリック主義者とは、ルターの影響を受けて、「信仰による義」を信じていたカトリック信者のことです。ところが、トリエント公会議（一五四五―六三年）において、プロテスタント側から出された教理的な問題を解決するためにカトリック教会の代表者たちが協議した結果、一五四六、四七年に、人間の救いは、神の恵みと人間の行為によって生ずる、と定めたのです。それまでは「信仰による義」は、なんら異端的な教理とは考えられていなかったのです。

ヴィットリアは、ルターの詩編講解を熱心に読んでおり、特に四五篇の講解を愛読していたそうです。彼女は一五四七年に召天しました。もし長生きしたら、異端の嫌疑をかけられたはずです。彼女は「信仰による義」について、次のようなソネットを書きました。

恐怖こそあつき心をこごえしめ、荒地のごとくあらすなり。
そのとき人は永遠《とこしえ》のみ約束をも受けつけず、
われと神とのあいだには、へだての垣ぞわだかまる。
まことの光と喜びをゆたかにわかつ信仰も、
愛のやさしき行ないのうちに現わるよき業も、
心が深き悲しみに固くとざされおるときは、救いをもたらすことをえじ。
われらの徳もよきわざも、よき願望もみなむなし。
これらはすべて影なれば、わが意のままになすをえじ。
されど天より光照り、われらが胸を照らすとき、望みと信《しん》は燃えあがり、
疑い、恐れや悲しみは、あとかたもなく消ゆるなり。

「われらの徳もよきわざも、よき願望もみなむなし」とは、まさにルターが命をかけて宣べたメッセージです。ここで私が想起するのは、第1章「M・ルターと復活の賛美歌」のルターの妻のことです。

ルターが住んでいたドイツの領邦ザクセンを支配していたのは彼の味方であったフリードリッヒ賢公でしたが、隣接していたザクセン公領の領主はルターを敵視していたゲオルク公でした。このゲオルク公の領地にあったニムシェン修道院にいたのが、後にルターの妻になった修道女のカタリーナ・フォン・ボラ、通称ケーテでした。彼女は一四九九年一月に生まれ、一六歳のとき、修道女になる誓願をたてました。

一五二〇年はじめごろ、ルターの書物がこの修道院でも読まれ、修道女たちは良心に不安を覚え、ルターに助言を求めたところ、彼は彼女たちにそこから逃げるように忠告し、その手筈をきめました。イースターの朝、彼女たちは、覆いがかけられている荷車に隠れて脱出したのです。

ところで、彼の書物はドイツの多くの修道院だけでなく、イタリアのカトリックの信者たちにも読まれていたのです。ルターは多くの本を国際語であったラテン語で書いたので、ヴィットリアは、彼の本を読んで、深く影響を受けたのです。

彼女は当時のカトリック教会があまりに堕落しているので、神がノアの洪水よりも恐ろしい洪水をくだしたもうであろう、という意味のソネットを書いています。またあるとき、十字架について書いたソネットを、ミケランジェロに贈りました。

十字架

木の上で、主のみからだは苦しみのきわみにあえぎもだえたり。
痛みと重みに耐えかねて、うなだれたれしそのさまを、
天よりおおいかくすため、
天《あま》つ扉《とびら》にふさわしき鍵はいずこにかくるるや。
かくも激しき苦しみは、われらをあわれむためにして、
かくも苛酷な運命に耐えてわれらを救いたもう。
罪なき血潮《ちしお》を主は流し、
けがれにそみし者どもの、心を新《あらた》にしたまえり。
心の内外《うちと》の戦いを留《とど》めうるのはただひとり。
平和の君のみ声なり。
君はわれらの太陽ぞ、眼をもくらますその光、
み父の救いのおん業《わざ》は、だれにもわからぬ神秘なり。
だれを何時《なんどき》どの場所で救いたもうやわれ知らず。
されどみ父のおん業《わざ》は、あやまつことのなきことを、知るゆえわれは満《み》ち足れり。

この詩を贈られたミケランジェロは、彼女のために十字架につけられたイエスの姿を描きました。一二世紀以来、十字架に架けられたイエスは、極度の苦悩で疲労し、死の苦悶のあとで絶命した姿で描かれていましたが、このミケランジェロの十字架のイエスは全く違っています。ペイントンは次にように述べています。

ミケランジェロの十字架上のキリストは生きています。キリストは頭をあげ、眼を見開いており、その肉体は、ダビデの像のような美しい裸体です。これは、死に勝ちたもうたキリストです。キリストの両腕の下にいるふたりの小天使は、主の血潮をうける杯をささげるためではなく、み傷を指さし、キリストを慰めるためにいるのです。

この十字架像を贈られたヴィットリアは、予想以上の素晴らしさに圧倒されました。「死に勝ちたもうたキリスト」とは、「復活を先取りされたキリスト」です。

ミケランジェロの十字架像とヘンリ・ナウエン

私はここまで書いてきて、「復活を先取りされたキリスト」という自分が書いた言葉に心を動かされました。じつは私は二〇〇九年に、二〇世紀の偉大な霊的指導者で、カトリックの司祭であったヘンリ・ナウエン（Henri J. M. Nouwen, 1932-96）について、『あなたは愛されています――ヘン

ミケランジェロの十字架像

リ・ナウエンを生かした言葉』（教文館）という本を刊行しました。その一六七頁に「復活とは、主イエスの受難のなかに現れた新しい命」という節を書きました。そして次のようなナウエンの言葉を引用しました。

復活とは、死後の命を指すだけではありません。それは第一に、キリストの受難、すなわちイエスの待ち望む姿勢のなかに、忽然と立ち現れる新しい命です。

すなわち新しい命は、イエスが死からよみがえられた三日目においてだけでなく、すでに受難において……目に見えるものとなったのです。

実は彼がこのように復活を考えるようになったのは、五三歳でがんになった友人を励ますために、幾つかの仕事をやめて、何度も病院を訪れて、その友人と次の本を一緒に読んでいた時でした。その本とは、W・H・ヴァンストン（William H. Vanstone, 1923-99）という英国人が書いた『待つことにおける成長』（*The Stature of Waiting*, *Darton. Longman & Todd*）でした。

ヴァンストンは二〇世紀の英国で最も霊的に優れた聖職者の一人と言われています。彼が書いた数冊の霊的な本は多くの人々の渇いた魂を潤しました。この本で彼は行動的であることができないとき、静かに神が働いてくださるのを待つことが大事であると述べて、イエスの受難の物語について書いています。

じつはこのがん患者は、貧しい人々のために様々なことをするのが生きがいでしたので、無力になって病床に伏していることに苦痛を感じていたのです。ところがナウエンと一緒にこの本を読んでいて、彼ら二人は悟ったのです。受難のなかで「待ち望む」とき、新しい命が与えられることを。

一九九六年にナウエンが刊行した『この杯が飲めますか』という本で、彼は暗い洞窟のなかに隠れている宝石が輝くように、深い苦悩のなかに喜びが厳然として存在する、と述べて、次のような興味深いコメントをしています。

ある画家たちは、十字架上のキリストを、鞭打ちと十字架刑によって苦痛にさいなまれている姿ではなく、美しく輝いている姿に描いている。

ナウエンは、ミケランジェロの十字架像を見たことがあるのでしょうか。もし見たとしたら、彼は感激して思ったでしょう。「この十字架像こそ、まさに私が気付いた——復活を先取りしたキリストだ！」と。これはまさに「復活の十字架」です。

ミケランジェロの信仰

日本で書かれるミケランジェロについての文書では、彼がどのように深く神を信じたかということはほとんど言及されていません。ところが、彼の信仰は、彼の優れた作品に深い影響を与えていたのです。

ロランは、次のように述べています。一五三八年の秋からミケランジェロとヴィットリアの霊的な友情は深くなりました。ローマの修道院に住んでいたヴィットリアは、聖シルヴェストロ教会で毎日曜日にミケランジェロに会っていました。この二人は、一人の聖職者と一緒にパウロ書簡を読み、いろいろ論じ合っていました。

ところである日曜日に、ポルトガルの画家であるフランチェスコ・ダ・オランダという人がこの教会を訪れ、ヴィットリアとミケランジェロに会ったことを、『絵画についての四つの談話』という書籍に詳しく述べています。このフランチェスコがこの教会でヴィットリアと会って話をしているとき、ミケランジェロは不在でしたので、ヴィットリアは従者にミケランジェロを呼んで来るよう頼みました。彼女は、ミケランジェロが社交嫌いであることを知っていたので、フランチェスコが来ていることは言わないように注意しました。

ところがミケランジェロは運よく教会のほうに歩いていたので、まもなく姿を現しました。彼はフランチェスコに全く気づかなかったので、フランチェスコはむっとして言ったのです。「全く人の目につかないようにする一番良い方法は、その人の真正面にいることですね」と。それを聞いたミケランジェロは、彼に丁寧に謝りました。「お許しください。侯爵夫人ばかり見ていましたので、あなたに気づきませんでした」と。

話が佳境に入ったとき、ミケランジェロは言いました。

立派な絵画は、神の完全さの写しにすぎず、神の絵筆や音楽や旋律の影なのです……だから画家は技に巧みな大家であるだけではたりません。画家の生活はできるだけ清らかで純粋で、聖霊がその画家の思想を支配しているほどでなければなりません。

「聖霊がその画家の思想を支配していること」が画家にとって最も必要である、というこのコメントは、とても重いものです。絵画を描く技術に優れているだけでは駄目なのです。このコメントに、彼の驚嘆すべき作品の秘密が隠れているのです。

ミケランジェロと聖霊

幸いなことに、彼がこのような思いを込めて書いた祈りの詩が見つかりました。有名な英国詩人であるウィリアム・ワーズワース（Sir William Wordsworth, 1770-1850）が訳しています。

至高者なる神に捧げる祈り

聖霊なるあなたが、私に祈る言葉を与えてくだされば、
私はまことに素晴らしい祈りをあなたに捧げることができます。
あなたのお助けがないとき、私の心は不毛な土くれにすぎません。
私だけでは、なにも育てることができません。
あなたこそ、優れた、清らかな作品の種となってくださるのです。
あなたが良いと思われるものを、あなたは生かしてくださいます。
あなたが、あなたの真の道を教えてくださるのでなければ、
だれもそのような道を見つけることはできません。
父なる神よ、あなたが導き、
優れた、価値のあるものが私のなかに生まれるように、
あなたの思いを私に吹き込んでください。
そうなれば、私はあなたのみ足の跡をたどることができます。
私の舌を解放して自由にしてください。
そうなれば、私はあなたを賛美する力を与えられ、
永遠にあなたに賛美の歌を捧げることができます。

To the Supreme Being

The prayers I make will then be sweet indeed,
If Thou the spirit give by which I pray:
My unassisted heart is barren clay,
Which of its native self can nothing feed:
Of good and pious works Thou art the seed,
Which quickens only where Thou say’st it may;
Unless Thou show to us Thine own true way,
No man can find it: Father! Thou must lead.
Do Thou, then, breathe those thoughts into my mind
By which such virtue may in me be bred
That in Thy holy footsteps I may tread;
The fetters of my tongue do Thou unbind,
That I may have the power to sing of Thee,
And sound Thy praises everlastingly.

私はこの祈りの詩を読んで、驚きました。あの大天才であるミケランジェロが、聖霊の助けがないと、自分はなにも素晴らしい作品を作ることができない「不毛な土くれ（barren clay）」だ、と述べているのです。この祈りの詩に出会って、私のミケランジェロ観が一変しました。あの素晴らしい彫刻と絵画を世に残した大芸術家が、どのように聖霊なる神に深い感謝を捧げていたかを知ることができました。また、この祈りの詩は、私の信仰を変えるほど深い感動を与えてくれました。「聖霊」がミケランジェロにとってどのような意味をもっていたかを知り、自分自身の聖霊理解がいかに浅いものであるか教えられました。この祈りの詩は、私にとって大きな宝です。この祈りの詩に出会ったことで、私は本書を書いてよかった、と思っています、

なんと彼は謙遜な人間であったことでしょうか。私たちは、自分たちの少しの業績を、あたかも自分一人の力で成し遂げたかのように思い、誇らしい気持ちになります。そのような私たちに、この大天才は告げています。「私たちは聖霊のみ助けがなければ、なにも生み出すことができない不毛な土くれなのです」と。

「最後の審判」

彼は一五三五年から約五年をかけて、「最後の審判」をシスティーナ礼拝堂の正面に描きました。その中央には再臨したイエス・キリストが、この上ない力と美を発揮して君臨しています。

その右下に、バルトロマイが剥がされた自分の皮を持っていますが、その皮に描かれているのが、

ミケランジェロの自画像です。なんとも惨めな顔です。このように悲惨な自画像を描いた人は、いまだかつていませんでした。

バルトロマイとは、イエスの一二弟子の一人で、ヨハネによる福音書では、ナタナエルと呼ばれています。伝承によると、彼はアルメニアで宣教し、現地の人々を主イエスに導く良い働きをしたのですが、殉教者となったのです。考えるだけでも恐ろしい「皮剝ぎの刑」によって、彼の肉体の皮が剝ぎとられ、長い間苦しんで、天国に召されました。

それでは、なぜミケランジェロはそのような自画像を描いたのでしょうか。彼は、聖霊の助けなしには、自分は「不毛な土くれ」であると述べたのですが、その「不毛な土くれ」である自分をそのように描いたのではないでしょうか。

聖バルトロマイ
（『最後の審判』部分）

ヴィットリアの死とミケランジェロの詩

ヴィットリアは一五四七年に亡くなりました。彼女がこの世を去ったとき、ミケランジェロの創造力は麻痺してしまい、彼は途方にくれてしまいました。憔悴しきった彼は、次の詩を書きました。ベイントンがその詩を紹介しています。

彫刻する手の金づちは、その意のままに働きて、
あらけずりせし石面に、人の像《かたち》を作るなり。
金づち自身は、つゆしらず、いかなる像《かたち》を彫るべきを、
彫るわざを知る人の手ぞ、つちを導き使うなり。
鋳られしつちはあくまでも、たんなるつちにすぎぬなり。
されど嵐をのりこえる大なる力をわれは知る、
美のみ創造のいのちにて、素材の石に像《かたち》を与え、
生かすも殺すも、意のままなり。
手を高く上ぐればつちはより強く石をうつなり。
されど、かの女《ひと》この世を去りぬれば、わが手をあぐる由《よし》もなし。
手もつけやらぬ彫刻は、わびしくわれをかこみたり。
なにをすべきかわれ知らず。
天《あま》つ名匠このわれにゆくべき道を示さずば、われは途方にくるるのみ。

ロランは、ミケランジェロが書いたもう一つの詩を紹介しています。

私をこんなに嘆かせる人が、この世から、私の眼から、姿を消したとき、自然は悔い、皆は

涙にくれた。しかし死よ、太陽のなかの太陽の光を消したと誇らぬがよい。彼女はこの地上と天上に、諸聖人の間に蘇ったのだ、邪悪な死は彼女の美徳を消し、魂の美を曇らせたと思っている。しかし彼女の書き残したものは、生前にもまさって輝いている。死によって彼女は未だもっていなかった天国を得たのである。

バッハとメンデルスゾーンは、その楽譜に「主にのみ栄光があるように」という意味の Soli Deo Gloria と書いたと言われていますが、ミケランジェロは、「最後の審判」に、惨めな自画像を描くことによって、主の栄光を称えたようです。

あとがき

「主イエスは今、生きておられる！」

二〇一五年九月に『「きよしこの夜」ものがたり』というクリスマスの賛美歌の本を教文館から刊行しました。引き続き『受難と復活の賛美歌ものがたり』が世に出ることになりました。この本を書くために、主の受難と復活の賛美歌を書いた人々の生涯を調べているうちに、私のなかに大きな変化が起こりました。彼らが本当に、本当に主の十字架の御苦しみが自分の罪の赦しのためであり、復活された主イエスは、今、現在生きておられ、自分を活かしてくださっている、と心から信じ、感激して賛美歌を書いたことを教えられました。

二〇一七年一〇月三一日は、マルティン・ルターが宗教改革の狼煙《のろし》をあげてから五〇〇周年にあたります。第1章で彼の生涯をたどってみて、私を驚かすのは、この記念すべき年の一〇年後に、彼が恐ろしい悪魔の襲撃に遭い、病の床に臥すほど弱ったあとで書いたのが讃美歌21三七七番「神はわが砦」（讃美歌二六七番「かみはわがやぐら」）であるという事実です。彼の敵は、宗教改革に反対するカトリックの教皇ではなく、「あなたはこのような罪を犯している」と彼を責める悪魔の声でした。彼にとって地上で最も恐ろしい声でした。この悪魔の襲撃の恐ろしさを理解しないと、ルターを本当に理解することができません。しかし、私たちにとって、彼のそのような苦しみを理解することは、とても困難なことです。それですから「この地上には彼（悪魔）に比べうる者はいないのだ」が誤訳されたのです。

ところで、二節で彼は神が選んでくださった助け手イエス・キリストに言及し、三節で、この世に悪魔が満ちても、怖れることはない、我々は勝つのだ、と宣言します。なんと力強い言葉でしょうか！　彼がこのように宣言することができたのは、復活された主イエスが生きておられるという固い信仰があったからです。

彼が「キリストは復活された」という言葉の一字一字を天と地ほど大きな字で書くべきだ、と述べたことは、本書の冒頭で紹介しました。もし私たちが本気でルターの言葉をうけとったら、私たちの人生はどのように変わるでしょうか。日常生活は、どのように変わるでしょうか。私たちの教会は、どのように変わるでしょうか。日本のキリスト教は、どのように変わるでしょうか。

私は本書を書いているうちに、「主の復活を本当に信じること」と「復活を信じていると思っている」の間には大きな差があることに気付きました。本書第5章でステュワート教授の言葉を引用しました。この言葉は、復活をどのように信じるべきかを教えています。

　復活の真理があなたを打ち、その焼きつくす炎をもって、あなたの魂と霊をつらぬくように祈るがよい。そうすれば他の人々をも、その中途半端な無気力から、情熱的な確信のもたらす活力へと導いてあげることができるようになる。

第2章のウォッツ、第3章のゲルハルト、第4章のクロスビー、第5章のローリ、第6章のテゼのブラザー・ロジェ、第7章のキヤマニワとコルヴィン、最後の章のミケランジェロは、まさに十字架と復活の真理によって魂が燃やされていた人々でした。そして彼らは主イエスの愛を信じるゆえに与えられる大きな喜びに満たされ、それを彼らが書いた賛美歌、または絵や彫刻を通して、多くの人々に伝えることができたのです。テゼのブラザー・ロジェがキリスト者は「喜びを運ぶ者」であると言われました。

讃美歌21八九番「共にいてください」というテゼの歌は、「私たちの闇のなかの光よ」と主イエスに呼びかけています。トランプ氏が大統領になってから恐るべき闇が世界に広がっています。しかし主イエスが私たちのそばにいてくださると、闇が光に変わります。「主イエスよ、私たちのそばにいてください！」と皆で祈りましょう。

第4章のファニー・クロスビーは、眼が見えない障害を持っていたにもかかわらず、八〇〇〇ぐらいの賛美歌の歌詞を書き、多くの優れた協力者に恵まれていました。彼女の生涯と業績は、まさに奇跡というべきです。讃美歌21には彼女の賛美歌が一つも収録されていないということは、とても残念です。川端純四郎先生も同じことを述べられています。

第5章のロバート・ローリについて書いているとき、私はびっくり仰天する経験をしました。それまで見向きもしなかった讃美歌五三〇番「うき世の嘆きも」の英語の歌詞がすばらしく、ピート・シーガーのような有名な歌手によって歌われていることを知ったからです。

内村鑑三と笹尾鉄三郎の友情について

本書を書いているとき、日本人の賛美歌作詞者が一人も登場しないので困ったと思い、新聖歌三六三番「見失せしわが主と」という賛美歌の歌詞を書いた笹尾鉄三郎のことを取り上げたかったのですが、『感動ものがたり――魂をゆさぶった人たち』（教文館）の第12章に彼のことを詳しく書いていますので、是非そちらを読んでいただきたく思います。

笹尾は、内村鑑三の親友でした。内村の娘ルツ子が結核で苦しんでいたとき、「娘ルツの、生きるも死ぬるも、あなたにまかせる」と言ったのです。笹尾は、ルツ子に必要なのは復活にたいする確固とした信仰であると見抜いて祈りました。彼女は死の三時間前に両親とともに聖餐にあずかり、微笑みを浮かべて天に召されました。

本書を理解するために必要な物

本書を読む人が座右においていただきたい物があります。五四年版讃美歌と讃美歌21と讃美歌21の賛美歌を歌っている数枚のCDです。讃美歌21を使っていない教会の会員の方々は、今まで聴いたことがない賛美歌が多く本書で取り上げられていますので、ＣＤでそれらの歌を聞きながら、私の解説を読んでくださると、それらの歌の素晴らしさが実感できると思います。

讃美歌21ＣＤ「十字架と復活」は素晴らしいＣＤです。そこに収録されている歌で私が解説しているものを紹介します。テゼの賛美歌である三三一番「主はよみがえられた」、一一二番「イエスよ、みくにに」、三一七番ルター作詞「主はわが罪ゆえ」、タンザニア民謡の曲を用いた三三三番「主の復活、ハレルヤ」です。

テゼの歌である四九番「全地よ主をほめうたえ」はＣＤ「賜物と歌を」に、八九番「共にいてください」はＣＤ「こころを一つに」に、アフリカの賛美歌である四八七番「イェス、イェス」はＣＤ「み栄え告げる歌は」にそれぞれ収録されています。どれも聴いていると涙がでるほどの感動が迫ってきます（これらのＣＤは、教文館四階で販売しています）。

本書が出来上がるまで、教文館の渡部満社長、出版部長の石川正信さん、編集・製作主任の髙橋真人さん、そして編集者の奈良部朋子さんには大変お世話になりました。

本書の表紙は、日本キリスト教団駒場エデン教会のステンドグラス「イースター」のデザインを使わせていただきました。十字架とイースターの白百合という組み合わせが本書の題とぴったり合って、とても嬉しく思います。数年前、この教会で説教をさせていただいた時、当時主任牧師であられた笹森建美先生がこのデザインを絵葉書にしたものをくださいました。この「イースター」

のデザインは笹森先生の考案によるものです。

二〇一六年一二月二七日　東京、世田谷にて

大塚　野百合

著者紹介

大塚野百合（おおつか・のゆり）

東京女子大学英語専攻部、早稲田大学文学部史学科、米国クラーク大学大学院修士コース卒業。

イェール大学神学部研究員、恵泉女学園大学教授、昭和女子大学非常勤講師を歴任、恵泉女学園大学名誉教授。

著書　『老いについて』『賛美歌・聖歌ものがたり』『賛美歌と大作曲家たち』『賛美歌・唱歌ものがたり』『賛美歌・唱歌ものがたり(2)』『賛美歌・唱歌とゴスペル』『出会いのものがたり』（創元社）、『ヘンリ・ナウエンのスピリチュアル・メッセージ』（キリスト新聞社）、『あなたは愛されています』『感動ものがたり』『「主われを愛す」ものがたり』『スザンナ・ウェスレーものがたり』『「きよしこの夜」ものがたり』（教文館）ほか。

受難と復活の賛美歌ものがたり

2017年2月25日　初版発行

著　者　大塚野百合

発行者　渡部　満

発行所　株式会社　教文館

〒104-0061　東京都中央区銀座 4-5-1

電話 03(3561)5549　FAX 03(5250)5107

URL http://www.kyobunkwan.co.jp/publishing/

印刷所　株式会社平河工業社

配給元　日キ販　〒162-0814　東京都新宿区新小川町 9-1

電話 03(3260)5670　FAX 03(3260)5637

ISBN978-4-7642-6127-3　Printed in Japan